소리·스물여덟

십이연기十二緣起

- 부처님 세상 보시는 눈 -

말한이 활성 | 엮은이 김용호

고요한소리

일러두기

* 이 《십이연기》는 활성 스님이 2009년 4월 19일 남원 〈고요한소리〉
  역경원에서 하신 법문을 중심으로 하고 이전에 스님이 법회에서 하신
  말씀들을 김용호 교수가 엮어 정리하였다.

* 이 법문집에서는 〈고요한소리〉에서 출간한 삐야닷시 스님의 《연기》(법륜
  ·스물둘, 2019)와 가능한 한 내용의 중복을 피하고자 했다. 이런 입장은
  활성 스님의 법문집인 《불교의 시작과 끝, 사성제》(소리·셋, 2016)와
  프란시스 스토리의 《불교의 초석, 사성제》(법륜·열다섯, 2003) 그리고
  활성 스님의 《팔정도 다시 보기》(소리·스물여섯, 2022)와 비구 보디의
  《팔정도》(법륜·열여덟, 2009)의 경우도 동일하다.

차 례

1. 십이연기 공부를 시작하며

‘나는 어디서 와서 어디로 가는가?’ 이것은 자고로 우리 중생 누구에게나 변함없이 중대한 관심사입니다. 이 질문에 대한 불교의 대답은 연기법緣起法입니다. **‘연기법은 부처님이 세상을 보시는 눈’**이라고 할 수 있습니다. 연기법은 ‘이 세상 일체가 도대체 어떻게 된 영문이냐?’ 하는 의문에 대한 부처님 대답의 총집약입니다. 우리 인간을 포함하여 모든 존재와 세상만사를 해명할 심오한 열쇠가 연기법입니다.

석가모니 부처님 이전에도 이 지구상에 연기 사상이 있었는지 궁금한데 어쩌면 연기라는 말 자체가 없었을지도 모르겠어요. 당시 사람들이 '이것이 있으니까, 이것이 있다.'고는 아직 생각을 못 하지 않았나 합니다. 물론 사물들 간에 관련성이 작용하고 있다는 상식이야 당연히 있었겠지만, 거기에 작용하는 생멸의 법칙성을 명확하게 이해하지는 못 하지 않았을까 싶습니다. '이것은 이것대로 있고, 어쩌다가 있으니까 있는 거지.'라는 식이었겠지요.

당시 사람들이 '이것에 연緣하여 이것이 있다.'고는 생각을 못 했다고 볼 수 있겠습니다. 가령 이해관계나 은원恩怨 관계처럼 어떤 일과 어떤 일 간의 관련성은 살폈겠지만, 두 일 간에 미치고 있는 논리성이나 상관성을 살펴 깨닫고 있었는지는 의심스럽다는 말입니다. 그들에게는 우연성이나 신의 뜻 같은 것이 크게 비중을 차지했던 것 같습니다. 또한 그들은 수학적 관련성이나 논리적 귀결은 생각했겠지만, 시말始末 간에 작용하는 원인과 조건에 대한 명확한 사유가 어느 정도 자리를 잡고 있었는지 분명치 않다는 말입니다.

‘무엇이 있기 때문에 무엇이 있게 된다, 무엇을 조건으로 무엇이 있다.’라고 세상을 연기법으로 파악하신 것은 석가모니 부처님이 처음이 아닐까 합니다. 물론 당연히 석가모니 부처님 출현하시기 수 겁 전의 과거 불들 역시 팔정도八正道[1]와 마찬가지로 연기緣起를 설하셨을 것입니다.

연기법은 부처님이 설하신 담마*Dhamma*, 법法의 중추입니다. 또한 연기법은 사성제四聖諦를 이해하기 위

---

1 활성 스님, 소리·스물여섯 《팔정도 다시 보기》, 〈고요한소리〉 참조.

해서도 불가결의 핵심입니다. 불교에서 진리*sacca*라고 부르는 것은 사성제뿐입니다. 사성제는 여러분이 익히 알고 있듯 고성제苦聖諦-집성제集聖諦-멸성제滅聖諦-도성제道聖諦이지요. 고성제는 '이 세상이 구조적으로 고苦다.'라고 가르치는 성스러운 진리입니다. 집성제는 '고의 원인과 발생 과정'을 설명하는 성스러운 진리입니다. 멸성제는 '고의 소멸'이 가능하다는 성스러운 진리입니다. 그리고 도성제는 '고의 소멸에 이르는 길'이라는 성스러운 진리입니다. 그런데 바로 이 사성제의 골격을 이루는 것이 다름 아닌 연기 원리입니다.

여태까지 연기법은 흔히 인간 본위로만 이해되어 왔습니다. 그러나 연기법을 그렇게 국한해서 볼 일만은 아닙니다. 부처님이 설하신 연기법은 사람이 태어나고 죽고 윤회하는 과정을 설명하는 것일 뿐만 아니라 인간을 넘어 일체 모든 생명현상을 설명하는 방식으로 확대될 수 있습니다.

사아리뿟따*Sāriputta*는 '연기를 아는 자 담마를 안다. 담마를 아는 자 연기를 안다.'[2]고 하였습니다. 연기법은 부처님의 지혜가 농축된 결실인 만큼 거기에는 참으로 무궁무진한 내용이 담겨 있습니다. 우리가 연기법을 근간으로 하여 사성제를 이해하고 우리 삶에 적용한다면 부처님 가르침 만난 은혜를 천배 만배 넓고 깊게 누릴 수 있을 것입니다.

---

2 "연기를 아는 자 담마를 안다. 담마를 아는 자 연기를 안다. *Yo paṭiccasamuppādaṃ passati. So dhammaṃ passati. Yo dhammaṃ passati. So paṭiccasamuppādaṃ passatī'ti.*"《맛지마 니까아야*Majjhima Nikāya* 中部》, 28 〈코끼리 발자국 비유의 긴 경*Mahāhatthipadopama sutta*〉, Ⅰ, 190 ~191쪽.

여러분, 연기법이라 하면 먼저 십이연기十二緣起가 떠오르지요? 그런데 연기법에는 12연기만 있는 게 아닙니다. 10연기도 있고, 9연기도 있고, 8연기도 있고, 심지어 2연기도 있습니다. 《숫따니빠아따》〈대품〉〈두 가지 관찰 경〉에는 연기의 항목이 무려 16가지[3]가 나옵니다.

학자들은 '원래 9연기였다.'고도 하고, '원래 8연기였는데 후에 12연기로 정착했다.'고 주장하는 분도 있어 설이 분분합니다. 그렇지만 이런 식의 주장은 부처님이 연기에 대해 조금 운을 떼셨다가 나중에 '이거 더 보태야 되겠다.'고 하여 하나씩 보태어 십이연기에 도달했다는 말로 들릴 수도 있는데 그런 말은 부처님 지혜에 대한 몰이해라고 봅니다. 왜냐하면 부처님이 연

---

3 《숫따니빠아따*Suttanipāta*》, 〈대품〉, 12 〈두 가지 관찰 경*Dvayatānupassanā sutta*〉, 참조.

기법을 깨치시고 나서 그 토대 위에서 그때그때의 방편으로 다양하게 설명하신 것이지, 부처님 지혜가 점차적으로 발달된 결과로 나온 것이 아니기 때문입니다.

저는 부처님이 연기론을 이처럼 여러 가지로 말씀하신 것은 경우에 따라 방편으로 쓰셨기 때문이라고 봅니다. 우리에게 연기법의 중요성에 대한 인식을 심어주시려고 여러 각도로 노력하신 흔적이라고 할 수도 있습니다. 그 가운데 가장 **'표준형이 12연기'**라고 생각합니다. 왜냐하면 십이연기는 무명無明으로 시작하고 앎과 실천을 통해 해탈·열반에 이르는 길까지 분명하게 제시하기 때문입니다. 부처님 가르침의 궁극 목표는 모든 중생이 무명에서 벗어나 해탈·열반하는 것입니다. 부처님 안 계실 때 우리가 담마를 운용하는 길은 사성제四聖諦, 팔정도八正道, 십이연기十二緣起처럼 부처님이 정형화해 놓으신 담마에 의지하는 것입니다. 연기법을 운용할 때도 표준형인 '십이연기'에 의지하는 것이 적절하다고 하겠습니다.

이제 부처님의 생생한 원음을 듣는다는 자세로 연기법 이해를 시도해 봅시다. 빠알리*Pāli* 경에 보면 부처님은 십이연기를 "무명無明을 연緣하여 제행諸行이, 제행을 연하여 식識이, 식을 연하여 명색名色이, 명색을 연하여 육처六處가, 육처를 연하여 촉觸이, 촉을 연하여 수受가, 수를 연하여 애愛가, 애를 연하여 취取가, 취를 연하여 유有가, 유를 연하여 생生이, 생을 연하여 노사老死가 있다."[4]고 설하셨습니다.

---

4 《상윳따 니까아야*Saṃyutta Nikāya* 相應部》, 12:1 〈연기 경*Paṭiccasamuppāda sutta*〉, II, 1쪽 ; 《맛지마 니까아야*Majjhima Nikāya* 中部》, 9 〈바른 견해 경*Sammādiṭṭhi sutta*〉, I, 참조.

　　부처님은 연기법을 설하시면서 열두 가지 연기 조건
의 항목들을 주욱 말씀하실 뿐 자세한 설명은 안 하
십니다. 후손들이 연기법을 놓고 고민할 줄 알면서 왜
자세한 설명을 안 하셨을까요? 아마도 우리가 연기법
을 깨닫기 위해 지혜를 총체적으로 계발하는 노력을
전심전력 기울이게끔 유도하신 것이 아닌가 싶습니다.
여기서 우리는 연기법에 대해 부처님이 특별히 신중을
기하셨음을 엿볼 수 있습니다.

　　연기법을 제대로 알려면 우리는 중간에 포기하는
일 없이 끊임없이 차분하게 연기법을 붙들고 씨름하는
자세를 가져야 할 것입니다. 공부 좀 해보고 뭔가 소견
이 생겼다고 '아, 십이연기는 이런 것이다.' 하고 단정하
려 들 수 있지만 이런 속단은 피해야 할 것입니다. 진리

를 대하는 태도가 아니기 때문입니다. 〈대인연경〉[5]에 나오는 유명한 일화가 있잖아요. 아아난다 존자가 연기의 심오함을 분명히 알았다고 부처님에게 말씀드렸다가 나무람 듣는 얘기 말입니다. 부처님은 이렇게 말씀하셨지요.

"아아난다여, 그렇게 말하지 말라. 그렇게 말하지 말라, 아아난다여. 이 연기는 심오하다, 참으로 현묘하게 나타난다. 아아난다여, 이 담마를 이해하지 못하고 통찰하지 못하기 때문에 사람들은 …… 처참한 곳, 괴로운 곳, 험난한 곳, 윤회를 벗어나지 못한다."[6]

---

5 《디이가 니까아야*Dīgha Nikāya* 長部》, 15 〈대인연경*Mahānidāna sutta*〉, Ⅱ, 참조.

6 "Mā h'evaṃ Ānanda avaca, mā h'evaṃ Ānanda avaca. Gambhīro cāyam Ānanda paṭicca-samuppādo gambhīrāvabhāso ca. Etassa Ānanda, dhammassa ananubodhā appaṭivedhā evamayam pajā tantākulakajātā guḷāguṇṭhikajātā muñjababbajabhūtā apāyam duggatiṃ vinipātaṃ saṃsāraṃ nātivattati." 《디이가 니까아야*Dīgha*

14

요컨대 연기법은 부처님이 세상을 보시는 눈이요, 담마의 중추요, 불교 지혜의 총집약이라 할 수 있습니다. 그만큼 연기법은 의미가 깊고도 다양하기 때문에 그것을 언어로 설명하거나 지식정보 차원에서 접근한다면 진정한 이해는 불가능할 수밖에 없습니다. 부처님이 설하신 담마를 대할 때는 의당 그러해야 하듯이 우리는 십이연기를 알음알이로 이해하고 규정하는 데 그쳐서는 안 된다는 말입니다. 결국 연기법을 제대로 파악하려면 훨씬 더 진지한 자세로 접근해야 마땅할 것입니다.

Nikāya 長部》, 15 〈대인연경*Mahānidāna sutta*〉, II, 55쪽.

2. 연기법과 담마

연기법, 앎과 실천

부처님이 중도中道를 깨달으신 후 담마*Dhamma*를 세우셨고, 담마를 실천하는 길[*magga*]로서 팔정도八正道를 설하셨습니다. 우리는 이 점을 눈여겨보아야 합니다. 《상윳따 니까아야》는 빠알리*Pāli* 5부 경전[7] 중에서 부처님이 주제별로 짤막짤막하게 설하신 말씀들이 생생하게 담겨 있는 경전입니다. 《상윳따 니까아야》 2권

---

7 빠알리 5부 경전: 《디이가 니까아야*Dīgha Nikāya* 長部》, 《맛지마 니까아야*Majjhima Nikāya* 中部》, 《상윳따 니까아야*Saṃyutta Nikāya* 相應部》, 《앙굿따라 니까아야*Aṅguttara Nikāya* 增支部》, 《쿳다까 니까아야 *Khuddaka Nikāya* 小部》

〈인연 상윳따〉는 연기에 대한 가르침을 위주로 다루고 있습니다. 거기에 '나는 깨달음에 이르는 길을 증득했다.'는 부처님 말씀이 있습니다. 우리 중생들이 진리를 연기법으로 이해하고 팔정도에 따라 실천하게끔 구체적으로 길을 적시하신 겁니다.[8] 담마의 구조가 여실하게 드러나는 대목으로 보입니다.

이제 연기의 표준형인 십이연기를 자세히 살펴보도

---

8 부처님이 연기법의 순관으로 고온苦蘊의 일어남을 통찰하시고, 역관으로 고온의 멸을 통찰하시고 나서 말씀하셨습니다. "비구들이여, 그리하여 나는 옛적의 정등각자들이 다니던 옛길과 옛 도로를 보았다. 그러면 비구들이여, 어떤 것이 옛적의 정등각자들이 다니던 옛길과 옛 도로인가? 그것은 팔정도이다. *Evameva khvāhum bhikkhave, addasaṃ purāṇaṃ maggaṃ purāṇañjasaṃ pubbakehi sammāsambuddhehi anuyātaṃ. Katamo ca so bhikkhave, purāṇamaggo purāṇañjaso pubbakehi sammāsambuddhehi anuyāto? Ayameva ariyo aṭṭhaṅgiko maggo.*"《상윳따 니까아야*Saṃyutta Nikāya* 相應部》, 12:65 〈도시 경*Nagara sutta*〉, II, 106쪽.

록 합시다. 십이연기는 무명*avijjā*에서 시작하여 제행 *saṅkhārā*-식*viññāṇa*-명색*nāmarūpa*-육처*saḷāyatana*-촉 *phassa*-수*vedanā*-애*taṇhā*-취*upādāna*-유*bhava*-생*jāti*-노 사*jarāmaraṇa*로 전개됩니다. 이것이 십이연기 순관順觀 입니다. 십이연기 순관을 따르면 노사老死라는 고苦에 도달합니다. 따라서 무명이 없으면 고苦가 없습니다. 사고팔고四苦八苦[9] 등 온갖 고가 없습니다. 우리가 고苦 를 쉽게 운위하고 수愁·비悲·고苦·우憂·뇌惱를 그 내용

---

9 사고팔고四苦八苦: 四苦는 생노병사生老病死이며, 八苦는 생노병사를 포함하여, 원증회고怨憎會苦, 애별리고愛別離苦, 구부득고求不得苦, 오음성고五陰盛苦 이다.
"비구들이여, 이것이 고苦라는 성스러운 진리[苦聖諦]이다. 태어남 이 고이고 늙음이 고이고 병듦이 고이고 죽음이 고이다. 슬픔·비탄· 고통·근심·고뇌도 고이다. 좋아하지 않는 것들과 마주치는 것이 고 이고 좋아하는 것들과 멀어지는 것이 고이며 원하는 것을 얻지 못 하는 것도 고이다. 요컨대 다섯 가지 집착의 쌓임[五取蘊] 치고 고苦 아닌 것이 없다." 금구의 말씀·둘 《초전법륜경》, 활성 스님 해설·감 수, 백도수 옮김, 〈고요한소리〉(2024), 79쪽.

으로 들지만 노사가 없다면 고苦가 따로이 생겨날 여지가 있을까요? 노사에는 생로병사 등 팔고八苦가 고스란히 감아드는데요. 그럼, 무명을 없애는 길이 무엇일까요? 그 길은 십이연기를 역관逆觀하는 것입니다. 바로 팔정도입니다.

십이연기에는 '앎'과 연관되는 항목들이 있는가 하면 '실천, 행동'과 결부된 항목들도 있습니다. 무명無明, 식識, 명색名色은 '무엇을 알다.'라는 '앎'과 연관되는 부분입니다. 무명은 '밝음이 없음'이고 '밝게 알지 못함'이니까, 결국 '앎'의 문제입니다. 그리고 깨달음의 경지에 이르면 안眼·지智·혜慧·명明·광光이 나타난다는 말에서 보이듯이 '앎'은 곧 '밝음'과 연결됩니다. 또 식은 빠알리어로 윈냐아나*viññāṇa*인데, 여기서 '냐아나*ñāṇa*'가 '앎'이라는 뜻이지요. 식은 무언가를 알되 차이에 의해 알 뿐이지요. 하지만 식이 앎과 관련이 있는 것임은 분명합니다. 그리고 명색은 '나아마루우빠 *nāmarūpa*'인데, 그중 명名, 나아마*nāma*는 보이지 않는 정신적, 심리적, 내적 요소를 뜻하지요. 경에 보면 나아마란 '수受 *vedanā*, 상想 *saññā*, 의도[思] *cetanā*, 접촉[觸] *phassa*, 주의注意 *manasikāra*'라고 합니다.[10] 이렇듯 나아마에는 상想처럼 앎과 직결되는 기능들이 분명히 있습니다.

요컨대 십이연기 가운데 무명, 식, 명색은 앎과 관련 있는 항목들입니다. 반면 행이라든가, 촉-수-애-취는 앎의 영역이라기보다는 어떤 행동을 지칭하거나 실천을 이끌어내기 위한 장치로 볼 수 있는 항목들입니다.

------

10 《상윳따 니까아야*Saṃyutta Nikāya* 相應部》, 12:2 〈분석 경*Vibhaṅga sutta*〉, II, 3쪽 ; 《맛지마 니까아야*Majjhima Nikāya* 中部》, 9 〈바른 견해 경*Sammādiṭṭhi sutta*〉, I, 53쪽.

이와 같이 십이연기는 앎의 항목과 실천의 항목이 서로 교차하며 짜여진 절묘한 구조를 가지고 있습니다. 결국 연기법 자체가 앎과 실천, 이 둘을 전제하고 있다는 말입니다. 즉 **'십이연기는 알아야 할 그 무엇을 알고, 행해야 할 그 무엇을 행하는 체계이다.'**라고 할 수 있습니다. 이것이 부처님 가르침의 큰 틀인 것 같습니다.

부처님 가르침에는 '알아야 할 것과 행해야 할 것' 뿐이지, 그 외에 맹목적이고 신앙적인 요소들이 들어설 여지는 없습니다. 부처님 당시 불교에 '믿음'이라는 말이 있었는지는 애매합니다. 유사한 말로 '삿다 *saddhā*[信]'가 있기는 하지만 삿다에는 요즘 종교적 의미로 쓰는 믿음이나 신앙이라는 뜻은 없습니다. 오히려 삿다는 '확신'이지요. '스스로 점검하고 확인해서 이룬 지성적 확신'이라는 의미입니다. 불교는 믿음이나 신앙 체계가 아니라, '알고 행하는 체계'입니다. 이처럼 불교는 근본적으로 사람들을 지적인 존재로 인정하고 대하는 가르침입니다. 다시 말해 불교는 인간의 바탕 자질을 지성에서 구하는 것이지요. 이런 면에서 볼 때 요즈음 만연하고 있는 반지성주의적 풍조는 인류가 향상해 나아가야 하는 길을 거역하는 것이라 생각됩니다.[11]

한마디로 정리하면 부처님은 연기법과 팔정도를 두 기둥으로 삼아 고苦와 그 고로부터의 해탈·열반을 설하셨습니다. 그 진리 체계가 사성제-팔정도-십이연기입니다. 이 치밀하고 완벽한 지혜의 가르침 덕분에 어

---

11 뒤에 '덧붙이는 글' 참조.

둠, 즉 무명 속에서 빛이 보입니다. 그 빛은 엎어진 자를 일으키고 쓰러지는 자를 부축하여 우리 중생들로 하여금 바른길을 가도록 이끌어 줍니다.

사성제-팔정도-십이연기

〈초전법륜경〉[12]에서 부처님은 사성제四聖諦를 설하셨습니다. 부처님이 설하신 모든 담마는 사성제四聖諦에 다 수렴됩니다. 부처님은 고苦·집集·멸滅·도道, 사성제에만 '진리sacca'라는 용어를 쓰셨습니다. 그 사성제가 고성제苦聖諦, 집성제集聖諦, 멸성제滅聖諦, 도성제道

---

12 《상윳따 니까아야Saṃyutta Nikāya 相應部》, 56:11 〈초전법륜경 Dhammacakkappavattana sutta〉, V, 421쪽 ; 금구의 말씀·둘《초전법륜경》, 활성 스님 해설·감수, 백도수 옮김, 〈고요한소리〉 참조.

聖諦인 것은 이제 익히 알려진 바입니다. 부처님은 '일체가 고苦'라고 선언하셨습니다. 그것이 고성제입니다. 그리고 '왜 사바세계 일체가 고苦인지 그 원인을 설명하신 것'이 집성제입니다. 결국 우리는 무명으로 인해 이 세상에 태어나서 온갖 고를 겪으며 늙고 죽는, 이 번잡하고 고통스러운 생을 살고 있다는 것입니다. 그렇게 보는 것이 십이연기 순관順觀, 즉 유전문流轉門[13] 입니다.

이어서 부처님은 멸성제滅聖諦의 진리를 우리에게 선사해 주십니다. 멸성제는 '고苦가 멸한 세계, 고가 멸한 경지가 있다.'는 선언입니다. 부처님 당신이 깨닫고 증득하고 실제로 누리신 그것을 우리에게 전해주시고

---

13 유전문流轉門은 윤회를, 환멸문還滅門은 해탈·열반을 가리키는 말로 중국 후한서後漢書에도 나온다.

자 멸성제를 설하신 겁니다. 그리고 도성제는 멸성제에 도달하는 과정입니다. '고가 없으려면 무명이 없어야 된다.'는 것이니 십이연기의 역관逆觀, 즉 환멸문還滅門입니다. 도성제道聖諦는 '고의 원인들을 없애나가는 실천도'로서 바로 팔정도八正道입니다.

부처님은 '팔정도를 닦아서 취取를 멸하고, 팔정도를 닦아서 애愛를 멸하고, 팔정도를 닦아서 수受를 멸하고, 팔정도를 닦아서 촉觸을 멸하고, 팔정도를 닦아서 육처六處를 멸하고, 팔정도를 닦아서 명색名色을 멸하고, 팔정도를 닦아서 식識을 멸하고, 팔정도를 닦아서 제행諸行을 멸하고, 팔정도를 닦아서 마침내 무명無明을 멸한다.'고 하셨습니다. 십이연기의 이들 항목을 멸함으로써 고苦를 멸해나가는 길이 팔정도입니다. 즉 팔정도는 철저히 십이연기의 역관인 것입니다. 이 점은 우리가 근본불교를 이해하기 위해 마음 깊이 명념해야 할 대목입니다. 누구든 향상하려면 마땅히 십이연기 순관順觀을 이해해야 하고 다시 팔정도를 걸음으로써 십이연기 역관逆觀을 실현해야 합니다. 거듭 말하건대 **연기법과 팔정도를 두 축으로 부처님 담마의 전 체계가 완성되는 것입니다.** 이처럼 사성제-팔정도-십이연기는 서로서로 유기적으로 밀접하게 연결되어 있습니다.

고苦의 발생을 이끄는 직접적 요인을 한 단어로 표현하면 제행諸行입니다. 십이연기는 '무명이 있으면 제행*saṅkhārā*이 있다.' 이렇게 시작합니다. '무명이 있으면 제행이 있다.'는 말은 '무명이 있으면 십이연기의 진행이 있다.' 이렇게 이해할 수 있습니다. 제행 뒤에 따라오는 열 항목이 연기적으로 진행되는데 그것이 바로 제행의 전개 과정입니다. 결국 십이연기의 순관은 바로 제행이 일어나서 작동해 나아가는 과정입니다.

반면 십이연기의 역관은 담마를 운용하여 고苦를 멸하는 과정입니다. 부처님이 담마를 고의 멸에 이르는 뗏목으로 비유하셨지요.[14] 차안此岸에서 피안彼岸으로 건너가야 하는데, 물결은 거세고 헤엄쳐서 건너가기에는 너무 멉니다. 그래서 나무와 풀을 모으고 엮어서 뗏목을 만들고 그걸 열심히 저어 갑니다. 바로 그 뗏목이 담마입니다. 그런데 뗏목에 올라탔다고 저절로 가는 게 아니라, 부지런히 뗏목을 저어야 합니다. 담마 뗏목을 타고 몸소 열심히 저어서 저 피안으로 나아가는 것입니다. 그것이 팔정도를 실천하는 과정이고 고를

---

14 《맛지마 니까아야*Majjhima Nikāya* 中部》, 22 〈뱀 비유 경*Alagaddūpama sutta*〉, I, 134~135쪽 참조.

멸하는 십이연기 역관의 길입니다.

  십이연기 순관과 역관은 이처럼 우리 중생으로 하여금 고苦가 생기는 원인과 그 전개 과정을 알고 고를 멸하는 과정을 실천할 수 있도록 부처님이 특별히 시설해 주신 담마입니다. 이는 부처님이 중생에게 베푸신 지혜와 자비심의 표출입니다.

3. 십이연기 순관

고苦가 생기는 과정

부처님은 사성제를 설하시면서 고성제苦聖諦부터 말씀하셨습니다. 사고팔고四苦八苦 등을 들어 삶이 고苦라고 선언하신 겁니다. 고는 우리가 엄연히 겪고 있으니까 현실 상황입니다. 매일 내 몸으로 겪고 내 마음으로 느끼는 거니까, 고는 누구나 인정하지 않을 수 없는 실제입니다. 부처님은 이렇게 고를 생생하게 지적하시고는 거기에 그치지 않고 고의 원인을 캐 들어가십니다. 왜 고苦냐? 고는 어떻게 해서 생기느냐? 고는 어떤 구조를 갖고 있느냐? 이렇게 고의 원인을 파고 들어가다 보면 마침내는 무명에까지 이르게 됩니다.

십이연기의 맨 앞부분에 '무명이 있으면 제행이 있다.'는 것은 무명이 있으면 제행이 있어서 식-명색-육처-촉-수-애-취-유-생-노사의 흐름이 주욱 일어난다는 뜻입니다. 말하자면 인생살이에 고苦가 생겨남을 설명하는 질서가 십이연기의 순관順觀입니다. 이것이 바로 집성제集聖諦입니다. 우리가 겪는 고는 피하고 싶다 해서 피해지는 것이 아닌 구조적인 고입니다. 이처럼 공고한 고苦마저도 파고 들어가서 기어코 해체해 버리고 마는 게 부처님 가르침의 특색이기도 합니다.

부처님이 고苦의 발생 구조로서 십이연기 순관을 특별히 설하신 데는 무슨 까닭이 있을까요? 제 생각에는 부처님이 고의 멸을 설하시려는 의도에서 고의 발생부터 언급하신 게 아닌가 합니다. 다시 말해 십이연기 순관은 부처님이 고의 멸인 열반을 설하시기 위한 보조 장치로서 제시하신 것이라 생각됩니다. 고를 없애고 고에서 벗어나는 것이 불교의 본령 아니겠습니까? 자, 그럼 지금부터 십이연기 순관을 구성하는 열두 항목을 차례차례 살펴보기로 합시다.

무명無明 *avijjā*

십이연기에서 제일 먼저 무명無明이 나옵니다. 무엇이 무명인가? 경에 '사성제를 모르는 것이 무명이다.'[15]

---

15 "비구여, 고苦를 모르는 것, 고의 일어남을 모르는 것, 고의 멸을 모르는 것, 고를 멸하는 길로 가는 걸음을 모르는 것, 이를 무명이라 한다. *yaṁ kho bhikkhu dukkhe aññāṇaṁ dukkhasamudaye aññāṇaṁ dukkhanirodhe aññāṇaṁ dukkhanirodhagāminiyā paṭipadāya aññāṇaṁ ayaṁ*

라고 명시되어 있습니다. 무명은 빠알리어*Pāli*로 아윗자*avijjā*이고 그 반대는 윗자*vijjā*, 명明입니다. 그런데 남방 전통에서는 윗자를 명으로 보지 않고 '전문가의 지식, 전문적 밝음, 전문가의 노련한 경험' 같은 '지知'로 봅니다. 여기에다 부정의 접두사 '아*a*°'를 붙여 반대말을 만들었으니 아윗자의 표면적인 뜻은 '무지無知'라고 할 수 있습니다.

그러나 아윗자를 '무지, 전문적 지식 없음'으로 보면 그 의미가 상당히 치우치고 좁아집니다. '안다, 모른다' 하는 지적 놀음의 냄새가 강합니다. '안다, 모른다' 하는 건 정보에 속하지요. 서양에서 아윗자를 무지*ignorance*라고 번역한 것도 뭔가 부족한 느낌을 지울

---

vuccati bhikkhu avijjā."《상윳따 니까아야*Saṃyutta Nikāya* 相應部》, 56:17 〈무명 경*Avijjā sutta*〉, V, 429쪽.

수 없습니다. 그런데 과연 무명이 단지 사성제에 대한 지식과 정보가 없는 것을 두고 하는 말일까요? 사성제를 지식정보 차원에서 다룬다는 것, 그 자체가 적절치 않다고 봅니다. 부처님은 무명을 십이연기의 제일 앞머리에 두실 정도로 강조하셨습니다. 이는 근본적으로 고를 일으키는 장본이 무명이라 보았기 때문입니다.

한역에서는 아윗자를 무명無明이라고 옮겼지요. 무명은 뉘앙스가 다양합니다. 명明은 '밝을 명明'입니다. 대낮에 훤하면 명이고, 해지고 어두우면 무명이지요. '내가 뭘 아느냐, 모르느냐'보다 '빛을 비추는 해가 나와 있느냐, 해가 졌느냐' 하는 상황이 강조된 것입니다. 한문에서 윗자 *vijjā*가 '명明'으로, 아윗자 *avijjā*는 '무명無明'으로 번역된 것은 그런 의미가 아닌가 합니다. 무명은 '밝음이 없다, 밝지 못하다'는 뜻입니다. 정보로 알고 있긴 하지만 그 앎이 밝다고 할 수는 없고 뭔가 빠져있어서 그것을 올바른 앎이라 하기에는 적절치 않다는 뉘앙스가 담깁니다. 무명은 사성제에 대한 지식이 설혹 있다고 하더라도 알음알이에 그칠 뿐, 사성제에 대한 체험적인 밝음은 없는 상태를 의미한다고 하겠습니다. 요컨대 무명은 사성제를 여실하게 깨우치지 못한 상태를 말합니다.[16]

명明 *vijjā*이란 부처님이 보리수 아래에서 깨달으셨을 때 '안眼·지智·혜慧·명明·광光이 나타났다.'고 할 때의 명입니다. 명明, 즉 밝음이 나타났을 때는 깨달음을 이룬 해탈이고 무명無明, 즉 밝음이 나타나지 않아 어두움일 때는 윤회의 세계가 거듭된다는 뜻입니다. 무명이

---

16 활성 스님, 소리·스물 《활성 스님, 이 시대 불교를 말하다》, 〈고요한소리〉 참조.

사라지면 그것이 곧 열반입니다. 열반의 경지에는 무명으로부터 시작되어 늙음과 죽음으로 이어지는 윤회의 흐름이 없다는 말입니다. 부처님이 분명히 표명하셨듯이 **윤회를 벗어나 열반에 이르는 유일한 길은 팔정도 八正道입니다.** 팔정도의 제일 첫머리는 바른 견해, 정견 正見입니다.[17] 경에 보면 '바른 견해가 고·집·멸·도, 사성제를 아는 것'[18]이라고 합니다. 요는 무명을 극복하기 위한 첫걸음이 바른 견해를 갖는 것입니다.

---

17 활성 스님, 소리·열아홉 《바른 견해란 무엇인가》, 〈고요한소리〉 참조.

18 "벗들이여, 무엇이 바른 견해입니까? 고苦를 아는 것, 고의 일어남을 아는 것, 고의 멸을 아는 것, 고를 멸하는 길로 가는 걸음을 아는 것입니다. 벗이여, 이를 바른 견해라 합니다. *Katamā cāvuso sammādiṭṭhi: yaṃ kho āvuso dukkhe ñāṇaṃ dukkhasamudaye ñāṇaṃ dukkhanirodhe ñāṇaṃ dukkhanirodhagāminiyā paṭipadāya ñāṇaṃ. Ayaṃ vuccatāvuso sammādiṭṭhi.*" 《맛지마 니까아야*Majjhima Nikāya* 中部》, 141 〈진리 분석 경*Saccavibhaṅga sutta*〉, III, 251쪽.

사성제를 알려면 먼저 담마를 만나고 담마에 대한 개념적 이해부터 시작해야 합니다. 부처님 가르침인 담마 *Dhamma*를 듣고 담마에 대한 정보를 일단 입력하는 게 시작입니다. 그렇게 담마를 알면 무명에 금이 가기 시작한다고 할 수 있습니다. 사실 처음에는 알음알이로 담마에 접근할 수밖에 없지요. 그렇더라도 자꾸 담마를 알려고 노력해 가면 팔정도를 만나게 되고, 팔정도를 걷다 보면 마침내 바른 견해로 사성제를 꿰뚫어 알게 되고, 바른 지혜로 무명을 극복하기에 이르게 됩니다.[19]

---

19 "비구들이여, 거기서는 바른 견해가 앞선다. 비구들이여, 어떻게 바른 견해가 앞서는가? 비구들이여, 바른 견해를 가진 이에게 바른 사유가 생겨난다. 바른 사유를 하는 이에게 바른 말이 생겨난다. 바른 말을 하는 이에게 바른 행위가 생겨난다. 바른 행위를 하는 이에게 바른 생계가 생겨난다. 바른 생계를 가진 이에게 바른 노력이 생겨난다. 바른 노력을 하는 이에게 바른 마음챙김이 생겨난다. 바른 마음챙김을 하는 이에게 바른 집중이 생겨난다. 바른 집중을 하는 이에게는 바른 지혜가 생겨난다. 바른 지혜가 있는 이에게는 바른 해탈이 생겨난다. 비구들

제행諸行 *saṅkhārā*

다음은 '무명이 있으면 제행諸行이 있다.'입니다. 제행이 있어서 식-명색-육처-촉-수-애-취-유-생-노사로 이어집니다. 그 흐름이 십이연기의 순관입니다. 십이연기 순관 그 자체가 제행이라고 볼 수 있습니다. 빠알리어로 십이연기 열두 항목을 보면 다른 것은 전부

이여, 이렇게 여덟 요소를 구족한 이는 유학有學이고 열 요소를 구족한 이는 아라한이다. *Tatra bhikkhave, sammādiṭṭhi pubbaṅgamā hoti. Kathañca bhikkhave, sammādiṭṭhi pubbaṅgamā hoti: sammādiṭṭhissa bhikkhave, sammāsaṅkappo pahoti sammāsaṅkappassa sammāvācā pahoti. Sammāvācassa sammākammanto pahoti. Sammākammantassa sammāājīvo pahoti. Sammāājīvassa sammāvāyāmo pahoti. Sammāvāyamassa sammāsati pahoti. Sammāsatissa sammāsamādhi pahoti. Sammāsamādhissa sammāñāṇam pahoti. Sammāñāṇassa sammāvimutti pahoti. Iti kho bhikkhave, aṭṭhaṅgasamannāgato sekho paṭipado dasaṅgasamannāgato arahā hoti.*"
《맛지마 니까아야*Majjhima Nikāya* 中部》, 117 〈위대한 마흔 경 *Mahācattārīsaka sutta*〉, Ⅲ, 75~76쪽 ; 활성 스님, 소리·스물여섯 《팔정도 다시 보기》, 〈고요한소리〉 참조.

단수형을 쓰는데 행은 상카아라*saṅkhārā*라고 복수형을 쓰지요. 단어 끝의 장음 '*ā*'가 복수를 나타냅니다. 그래서 '제행諸行'이라고 번역하는데, 그 의미가 깊습니다.

제행은 세상사 모든 것을 말합니다. 세상사 모든 것은 온갖 요소들이 제멋대로 얽히고설키고, 일어났다 사라졌다 합니다. 그 모이고 움직이는 현상을 제행의 속성으로 이해할 수 있습니다. 행은 '활동, 행위, 형성, 형성력'인데, 제행은 '모여서 작동함, 모이는 움직임, 집합하는 움직임'을 뜻합니다. '새로운 관계를 형성하다'는 뜻도 되고, '행위를 형성하다'는 말도 되지요. 또한 행은 '가다, 행하다'는 뜻이고 유위有爲라고도 번역하는데 '함이 있다, ~하다'라는 말입니다. 유위에 대비하여 무위無爲는 '함이 없다'는 것으로 열반을 뜻합니다.

제행을 한문으로 천류遷流라고도 해석합니다. '변천할 천遷, 흐를 류流'이지요. '변천하면서 흐른다'라는 천류는 무상無常을 강조한 것입니다. 바로 '제행무상諸行無常'입니다. 제행은 '끊임없이 변한다'는 무상한 측면에서 강조하면 천류이고, '함이 있다'는 측면에서 강조하면 유위로서 열반에 대비되는 개념입니다. 정리컨대 행의 본성은 천류이고, 그 내용은 유위라 할 수 있습니다. 그리고 제행을 담마로 가라앉힌다는 측면에서 생각해 보면 제행은 담마에 대비되는 면도 있습니다.[20]

해탈·열반을 가로막는 무질서와 혼돈이 제행입니다. 해탈·열반의 길을 방해하는 열 가지 결박[21]이 있는데

---

20 활성 스님, 소리·스물다섯 《상카아라와 담마》, 〈고요한소리〉 참조.

21 열 가지 결박(족쇄): 하오분결下五分結: ① 개아가 실존한다는 견해 [有身見] ② 계율과 의식儀式에 대한 집착[戒禁取] ③ 담마에 대한 의심[疑] ④ 감각적 욕구[欲貪] ⑤ 혐오[惡意]; 상오분결上五分結: ⑥ 색

그중에서 무명과 함께 마지막까지 남는 요소가 들뜸입니다. 들뜸은 빠알리어로 웃닷짜*uddhacca*입니다. 차분하고 고요하지 못하고 계속 움직이고 있는 것이 들뜸입니다. 방금 어떤 보살님이 아기를 안고 왔다 갔다 하는데, 아기는 잠시도 가만히 못 있고 계속 추스르고 흔들어 줘야 편안해합니다. '아기니까 그렇지' 하면 그것은 피상적 관찰입니다. 정도의 차가 있을 뿐 어른도 가만히 있지 못합니다. 그건 들뜸, 바로 행 때문입니다. 그런 점에서 행은 정靜, 고요함의 반대 개념이기도 합니다.

따라서 행은 '열반적정涅槃寂靜'에 대비되는 개념입니다. 열반은 참으로 고요해서 언어도 형상도 개념도

______

계 존재를 향한 욕구[色貪] ⑦ 무색계 존재에 대한 욕구[無色貪] ⑧ 아만我慢 ⑨ 들뜸[掉擧] ⑩ 무명無明.

인식도 붙을 자리가 없습니다. 고요, 적정은 한마디로 '완전한 충만'입니다. 뭔가 흔들린다는 것은 어느 한구석이라도 비어 있기 때문이거든요. 충만해 있다면 추호도 미동이 없고 흔들림이 있을 수 없습니다. 그러한 충만 상태가 조금이라도 무너진다면 거기에는 동요나 흔들림이 일어날 여지가 생깁니다. 그러한 여지가 바로 행이라 이해해도 될 겁니다.

무명은 충만이 무너진 빈구석입니다. 열반의 입장에서 보면 사바세계는 무명이라는 빈구석 자체입니다. 그 빈구석에 흔들림과 동요로 인해 변천의 여지가 생기고 천류가 시작됩니다. 이 천류에서 사단事端이 일어나 분젯거리가 생깁니다. 말하자면 완전히 충만한 바다에서 흔들림으로 인해 물방울 하나가 떨어져 나가서 '물방울'이라는 개체가 만들어집니다. 독자성을 주장하는 하나의 개체가 만들어지는 것이지요. 행으로 인해 생긴 물방울이 하나둘씩 튀어나오고 그것들끼리 서로 부딪치기도 하고, 합해져서 더 큰 하나가 되기도 하면서 사달이 많이 벌어지게 됩니다. 그러한 형성력들이 제행입니다.

요컨대 무명에서 생겨난 행行으로 인해 '나'라는 개체, 즉 업체業體가 발생할 조건이 형성되는 겁니다. 이어 업식業識이 작동하여 '나, 너'를 구분하게 되지요. 결국 이 모든 사단은 행의 원래 성격인 들뜸에서 발생합니다. 그러면 왜 고요 적정寂靜하지 못하고 들뜨느냐? 무명 때문입니다. 바른 견해, 정견正見이 없어 사성제를 모르기 때문에 들뜨는 겁니다. 이 들뜸, 즉 제행諸行이 우리가 윤회를 하게 되는 곡절입니다.

식識 *viññāṇa*

다음으로, '제행이 있으면 식識이 있다.'입니다. 식은 한문으로 '알 식識'이지요. 빠알리어로는 윈냐아나 *viññāṇa*인데, 위*vi°*는 '분리, 구분, 떨어짐, 쪼갬'[22]이라는 뜻의 접두사이고, 냐아나*ñāṇa*는 '앎'이라는 말입니다. 윈냐아나는 '구분하여 아는 것, 분별하여 아는 것'이지요. 무엇과 무엇을 구분하여 그 차이를 통해 인식하는 앎을 말합니다. 예를 들어 '이것은 그릇이고, 이것은 마이크다.' 할 때, 우리는 사물의 특성이라는 차이에 따라 그 물체를 인식하는 것이지요. '이것은 소리다, 이것은 빛이다' '희다, 검다' '짜다, 맵다' 다 차이에 의한 지각 아닙니까? 차이를 통해 구분함으로써 아는

---

22 위*vi°*: 분分, 이離, 별別, 이異, 반反. 미즈노 고겐水野弘元, 《*Pali Dictionary*》, 춘추사, 1968, 참조.

능력, 그게 '식'이라는 말입니다.

윈냐아나*viññāṇa*는 이처럼 나와 너, 유와 무, 시간과 공간, 즐거움과 괴로움 등으로 구분하여 그 차이로써 사물을 구별하면서 아는 것입니다. 차이에 기초해서 대상을 지각하는 것이 식입니다. 또한 위*vi*°는 '결여됨, 부적절함, 낮음, 잘못됨' 등의 함의도 있는데, 그 뜻을 적용할 경우 윈냐아나는 '결여된 앎, 낮은 앎'이라 할 수 있습니다. 앎도 여러 수준[23]이 있는데 그중에서 윈냐아나, 식은 낮은 수준의 앎에 속한다는 겁니다. 식

---

[23] 앎의 수준: 윈냐아나*viññāṇa*[識]-빤냐*paññā*[慧]-아빈냐*abhiññā*[證智]-빠린냐*pariññā*[遍知]-안냐*aññā*[究竟智] 등. "이 단어들은 지혜, 즉 앎의 수준이나 역할이 각기 다른 것을 나타내며 모두 대단히 독특한 자기 고유 영역을 가지고 있어서 다른 말로 대체할 수 없습니다. 그런데 빤냐의 경우 이 모든 지혜의 영역을 아우르는 넓은 개념으로도 씁니다." 활성 스님, 소리·스물넷 《산냐에서 빤냐로》, 〈고요한소리〉(2024), 38~41쪽.

識, 윈냐아나가 낮은 앎이라는 것은 근본적으로 그 짓거리가 천박하여 우리를 고통으로 몰아넣는 원인이 된다는 데 있습니다. 윈냐아나의 특색은 개체화, 개별화입니다. 식은 '나, 내 것'이라는 생각을 일으키는 장본입니다. 윈냐아나는 나와 남을 구분하고, 그뿐만 아니라 '나를 중심으로 대상을 인식하는 것'입니다. 이렇듯 윈냐아나는 온전한 앎, 일체로서의 앎이 아니라는 말입니다.

사실 우리가 무엇을 안다고 할 때 식識과 상想이 함께 작용하는데 이 둘에는 차이가 있지요. '나, 내 것' 할 때는 주로 식, 윈냐아나가 활동하고, '우리, 우리 것' 할 때는 상, 산냐*sañña*가 주로 활동합니다. 윈냐아나는 개별적, 개체적 앎이지요. 산냐는 과거의 경험을 통한 사회적, 공동체적 앎입니다. 다시 말해 산냐는 어떤 문화권에서 공유된 개념을 통해 아는 것을 말합니다.[24] 색色·수受·상想·행行·식識, 오온五蘊에서 수·상·행은 식과 함께 어울려 일어납니다. 수·상·행이 기능하려면 근본적으로 식이 작용해야 한다는 말입니다. 그러니 식은 상보다 근원적인 능력이라고 할 수 있습니다. 요는 우리가 무엇을 '안다'고 할 때 식과 상이 함께 작용하지만 상보다 근본적으로 작용하는 것이 식입니다.

부처님은 제법무아諸法無我를 말씀하시지 않습니까? 그렇건만 식識은 '나'를 내세우기 때문에 무아無我의 진리를 정면으로 거스릅니다. 윈냐아나가 작동하여 '나'를 내세우기 때문에 근본적으로 무아를 이해하기 어렵게 만듭니다. 이 식이 자아의식과 아만我慢을 키우

---

24 "윈냐아나는 개개인이 대상을 인식하는 것, 즉 개체적인 인식입니다. 말하자면 '우리'가 공통으로 아는 것은 산냐이고, '내'가 개별적으로 아는 것은 윈냐아나이지요." 활성 스님, 소리·스물넷《산냐에서 빤냐로》, 〈고요한소리〉(2024), 27~28쪽.

고 그래서 우리로 하여금 열등감이나 우월감의 포로
가 되도록 만듭니다. 누구나 열등감과 우월감 사이에
서 놀아나고 그러다 심하면 정신질환이 생기기도 하지
요. 더구나 요즈음 같은 경쟁 사회는 식이 극성해져서
열등감과 우월감을 강도 높게 부추기고 그리하여 개인
주의와 아만이 전 지구를 휘감게 되어버렸지요.

앞서 행行을 천류라 했는데, 천류로부터 식識이 형
성되는 걸 보겠습니다. 앞에서 든 비유인데, 바다에 파
도가 치면서 거기서 물방울 하나가 튀어나온다고 합
시다. 그러면 물방울 하나가 전체 물에서 분리된 것이
지요. 행으로 인해 '나'라는 개체가 발생할 조건이 형
성된 거지요. 튀어나온 이 물방울과 저 물방울 사이에
식의 작용으로 인해 '나, 너'라는 인식 태도가 생깁니
다. 행은 어떤 움직임이 진행되는 과정에 불과한데 그

런데도 '나'라는 주체가 존재해서 어떠한 행동을 한다고 인식하는 것입니다. 이처럼 '나와 너가 있고, 내가 너에게, 내가 상대에게 무언가를 행한다.'는 착각을 일으키는 주범이 식입니다. 이 때문에 잡다하고 소란스러운 사바세계를 연출하게 됩니다. 이를 통해 시·공간 속에 허우적대고 있는 모든 개체와 온갖 행태들이 생겨나고 진행되는 것입니다.

이렇게 식識을 이해해 보면 연기의 기본 틀을 이해하는 데 도움이 되지 않을까 합니다. 다시 말해, 행行으로 인하여 물방울이 따로따로 떨어지는 현상이 발생하고, 떨어져 나온 놈들끼리 식으로 인하여 '나, 너'라고 하며 좋든 싫든 어떤 형태의 관계가 만들어집니다. 그런데 일단 그런 사단이 벌어지면, 그 사단을 교통 정리하는 어떤 원칙이 생겨나지요. 그것도 나름의 질서이긴 한데 그렇게 전도顚倒되고 그릇된 사바세계 질서를 만드는 것이 상想이라고 하겠습니다.

결국 우리는 모종의 행동을 하고 '어떤 주체', 즉 '내'가 있다고 인식합니다. 그렇지만 실은 식識이 어떤 조건에 따라 나름으로 반응 작용을 하고 있을 뿐입니다.

명색名色 *nāmarūpa*

그다음 '식識이 있으면 명색名色이 있다.'입니다. 식이 있어서 명색이 있게 된다는 말입니다. 명색은 빠알리어로 나아마루우빠*nāmarūpa*입니다. 명名, 나아마*nāma*는 정신적 현상, 정신성을 말합니다. 명은 이름으로만 알 뿐 오감으로는 지각할 수 없는 것입니다. 색色, 루우빠*rūpa*는 물질, 물질성을 의미합니다. 오늘날은 물질과 정신의 경계를 애매하게 보고 있는데, 그런 마당에 정신과 물질을 대립적으로 부각시키는 것은 그다지 적절하지 않습니다. 요새 과학에서 물질의 근원은 파동이고, 파동에는 빛이 있고 색이 있다고 설명하지요. 한문으로 루우빠를 색色이라고 번역하였는데 현대 과학을 앞질러 사물의 본질을 보았기 때문에 '명색名色'이라는 기막힌 번역이 나온 것 같아 감탄하게 됩니다.

명색은 정신세계와 물질세계를 통틀어서 부르는 말입니다. 명색은 보이지 않는 세계와 보이는 세계로 이해할 수 있습니다. 요컨대 명名은 이름으로만 알 뿐 다섯 감각 기관으로는 지각할 수 없는 것이고, 색色은 눈, 귀, 코, 혀, 몸으로 지각하여 알 수 있는 것입니다. 우리가 경험하는 세계를 이 두 측면에서 지칭하는 게 명색입니다.

결국 식識이 있으면 나를 포함한 이 세계가 있다는 말입니다. 참 놀라운 말입니다. 달리 말하면 식이 없으면 명색이 없다는 뜻입니다. 명색이라는 연극을 무대에 올리는 것이 바로 식이라는 겁니다. 부처님은 '식識이 있으므로 명색이 있다.'고 하시고 동시에 '명색이 있으면 식이 있다.'고도 말씀하십니다. '식이 있으면 명색이 있고, 명색이 있으면 식이 있다.'[25] 이 대목은 부처님이 반복적으로 강조하시는 특별한 부분입니다. 왜

---

25 "… 식識을 조건으로 명색이 있다. 비구들이여, 그러자 이런 생각이 들었다. '무엇이 있을 때 식이 있으며, 무엇을 조건으로 식이 있는가?'라고. 비구들이여, 그때 지혜롭게 주의를 기울임으로써 '명색이 있을 때 식이 있고 명색을 조건으로 식이 있다.'라고 통찰지로 분명히 알았다. *Viññāṇapaccayā nāmarūpa'nti. Tassa mayham bhikkhave, etadahosi: 'kimhi nukho sati viññāṇam hoti. Kimpaccayā viññāṇa'nti. Tassa mayham bhikkhave, yoniso manasikārā ahu paññāya abhisamayo: 'namarūpe kho sati viññāṇam hoti. Nāmarūpapaccayā viññāṇa'nti."* 《상윳따 니까아야*Samyutta Nikāya* 相應部》, 12:65 〈도시 경*Nagarasuttam*〉, Ⅱ, 104쪽; 《디이가 니까아야*Dīgha Nikāya* 長部》, 15 〈대인연경*Mahānidāna sutta*〉, Ⅱ. 참조.

그렇게 말씀하실까요? 식識의 세계가 바로 명색의 세계이기 때문일 겁니다. 명색의 세계, 즉 명과 색이 상호 작용하고, 상호 규제하고, 상호 한정 지으면서 존재하는 그 세계, 그게 바로 식의 세계이자 명색의 세계라는 말입니다.

《숫따니빠아따》에 보면 '명색은 거짓 담마*mosad-hamma*이다.'[26]라는 말이 나옵니다. 부처님이 '명색은 거짓 담마'라고 하신 것은 명색은 진실이 아니라는

---

26 *Taṃ musā, yaṃ mosadhammaṃ. Taṃ saccaṃ, yaṃ amosadhammaṃ nibbānaṃ.*
여기서 *Taṃ musā*는 그 본성이 변하기 마련인 '허망한 것'으로 지·수·화·풍, 네 가지 근본 물질과 파생 물질인 공空, 정신 요소인 식識을 포함하는 명색이다. 《맛지마 니까아야*Majjhima Nikāya* 中部》, 140 〈요소 분석 경*Dhātuvibhaṅga sutta*〉, Ⅲ, 245쪽. ; 《숫따니빠아따*Sutta nipāta*》, 〈대품〉 12 〈두 가지 관찰 경*Dvayatānupassanā sutta*〉, 게송 756-758 참조 ; 활성 스님, 소리·열셋 《우리 시대의 삼보三寶》, 〈고요한소리〉, 주 5 참조.

말씀입니다. 명색은 우리가 상대하는 이 세상인데, 그것은 식이 띄워 놓은 환상이고 가상현실이지 실재가 아니라는 뜻입니다. 명색은 거짓이다! 명색은 가짜다! 명색은 진짜가 아닌 것에 갖다 붙인 이름이고 감각적인 차이로 인식하고 구분하는 것입니다. 그럼 진짜는 뭐냐? 부처님이 '진짜는 열반이다!'[27] 라고 말씀하십니다.

명색은 실재實在가 아닙니다. 명색 놀음은 진짜가 아닌 가짜 현상을 가지고 노는 것입니다. 우리 중생은 명색을 대상으로 식識 놀음, 상想 놀음을 하는 존재입니다. 부처님은 상을 신기루에 비유하십니다. 예컨대 사막에서 길을 잃은 사람에게 오아시스를 발견하느냐, 못하느냐는 목숨이 걸린 절박한 문제입니다. 그런 사

---

27 〈두 가지 관찰 경Dvayatānupassanā sutta〉, 상동, 참조.

람에게 오아시스가 눈앞에 나타났다! 이겁니다. 지치
고 굶주리고 목마른 인생에게 얼마나 반가운 일입니
까? 좇아갑니다. 그런데 가도 가도 오아시스는 나타나
지 않고 오아시스의 신기루뿐입니다.

신기루는 실제 존재하는 것은 아닌데 분명히 인식
됩니다. 우리 눈에는 물론 카메라에도 잡힌다지요. 그
런 점에서 신기루인 상想, 산냐*saññā*는 우리를 속여 배
반하는 현상입니다. 산냐는 인식, 지각, 인지라고 번역
하는데, 우리의 인식이나 지각은 물론, 과학적 인지마
저도 부처님 눈에는 모두 다 산냐입니다. 우리가 인식
하는 일체가 산냐입니다. 우리는 그런 신기루를 보고
실재한다고 좇아가고 있는 것입니다. 그 신기루로 비유
되는 산냐가 우리 인식의 정체입니다. 우리가 인식하
는 명색이 신기루 같은 헛것입니다. 그 헛것을 보고 그

것이 있다고 주장하고, 거기 가면 목을 축일 수 있다고
이야기합니다. 이 신기루가 체계를 갖추면 이데올로기
가 되고 또 신비성까지 갖추게 되면 종교가 됩니다. 우
리를 지배하는 온갖 이데올로기나 종교도 한낱 신기
루에 불과합니다.

　우리는 숱한 이데올로기나 종교에서 주장하던 신기
루가 깨져나가는 걸 봅니다. 모든 것이 얼마나 무상無
常하며, 얼마나 속절없는 신기루의 헛꿈이었던가를 적
나라하게 알게 됩니다. 이데올로기가 만들어내는 세계
도, 가장 냉철하다는 과학의 세계도 명색을 벗어나지
못합니다. 그런데 이 명색이란 인과의 형태로 진행되는
것이어서 실체가 없습니다. 요즈음 진화, 발전한 물리
학 중 소립자 과학은 우리 눈에 분명하게 위치를 점하
여 실존하는 것으로 보이는 물질이란 것이 얼마나 속

이 비어 있는 것인지, '텅 빈 것'[28]인지를 잘 밝혀줍니다. 그럼으로써 우리가 미몽을 자각할 수 있도록 크게 도와주고 있는 점, 물리학자들에게 감사하지 않을 수 없습니다. 그렇긴 하지만 여전히 거시 과학계가 제공하는 우주상은 신기루에 대한 범부의 인식을 확인시키며 공고하게 만들고 있습니다. 사막을 건너가는 우리에게는 이런 거짓 세계에 속절없이 당하지 않는 것, 그것이 대단히 현실적이고 절박한 문제입니다. 요컨대 명색은 가짜 세계, 바로 신기루의 세계입니다.

육처六處 *saḷāyatana*

그다음 '명색이 있으면 육처六處가 있다.'입니다. 우

---

28 보리수잎·쉰하나 《텅 빔 – 실체는 없다》, 아잔 브라흐마왕소 지음, 민병현 옮김, 〈고요한소리〉 참조.

리는 여섯 감각 기관을 통해서만 바깥 대상과 접촉할 수 있습니다. 육처를 육입六入이라고도 하는데, 모든 바깥 대상이 여섯 감각 기관을 통해 들어오기 때문입니다. 육처는 빠알리어로 살라아야따나*saḷāyatana*입니다. 육처는 안처眼處·이처耳處·비처鼻處·설처舌處·신처身處·의처意處를 가리킵니다. 처處라는 용어는 우리 감각 기관이란 것들이 막상 상想 놀음, 식識 놀음을 벌이는 무대라는 뜻입니다. 중생이 육처에 의지하여 상 놀음과 식 놀음을 하는 한, 부처님 담마를 만날 수 없습니다. 하지만 감각 기관이 '있는 그대로 아는' 순수기능을 할 때 육처가 육근六根이 되고 그러면 부처님 담마를 이해할 가능성이 생기게 됩니다.

십이연기 중에 숫자를 명시한 항목은 육처밖에 없습니다. 왜 여섯이라는 숫자를 붙이느냐? 의意, 마노

mano 때문입니다. 부처님은 '안·이·비·설·신 그리고 여섯 번째로 의意, 마노가 있다.'[29]고 말씀하십니다. 부처님은 '여섯 번째'라는 것을 강조하십니다. 부처님 이전에는 안·이·비·설·신, 다섯 감각 기관만 알고 있었지요. 그런데 비로소 부처님이 당신의 담마를 설하시기 위한 기본 장치로 '의意, 마노'를 세우셨던 것입니다. 부처님은 마노, 의意에 대해서 담마, 법法을 딱 배치시키십니다. 안眼은 형색[色]을, 이耳는 소리[聲]를, 코[鼻]는 냄새[香]를, 혀[舌]는 맛[味]을, 몸[身]은 촉감[觸]을 아는 능

---

29 "세상에는 다섯 가지 감각적 욕망이 있고, '마노*mano*'가 여섯 번째로 선언되었으니, 이 세상에 대한 욕구를 없애고서 그렇게 괴로움에서 벗어나리. *Pañca kāmaguṇā loke mano chaṭṭhā paveditā ettha chandaṁ virājetvā evaṁ dukkhā pamuccatīti.*" 여기서 다섯 가지 감각적 욕망은 안眼·이耳·비鼻·설舌·신身이 색色, 성聲, 향香, 미味, 촉觸에 대해 일으키는 욕망을 말한다. 부처님은 다섯 감각 기관에 더하여 여섯 번째로 의意, 마노*mano*를 감각 기관으로 시설하신 것이다. 《숫따니빠아따*Suttanipāta*》, 〈뱀 품〉 9 〈헤마와따 경*Hemavata sutta*〉, 게송 171.

력이지요. 그리고 의意는 '담마, 법을 아는 능력'이라
는 말씀입니다. 부처님이 안·이·비·설·신·의가 내육처內
六處이고 색·성·향·미·촉·법이 외육처外六處라고 하셨습
니다. 그러니까 부처님이 의를 내육처로 시설하신 것은
'의意'와의 관계에서 법, 담마를 설하시기 위함입니다.
'내가 담마를 설하려 하니 그 담마를 알 준비를 해라.'
그런 의미입니다. 의가 잘 발달되어야만 우리가 부처님
당신의 담마를 알 수 있다는 뜻입니다. 그렇지 않으면
쇠귀에 경 읽기가 됩니다.

거듭 말하건대 부처님의 법, 담마를 알 수 있는 능
력이 의意, 마노*mano*입니다. 부처님이 독창적으로 마노
를 제시하셨습니다. 이 사실은 마노라는 용어가 담마
와 짝을 지어 써야만 정확한 개념이 될 수 있다는 소식
을 전해줍니다. 부처님은 담마를 안·이·비·설·신, 다섯

감각 기관으로 이해시키려고 하신 게 아닙니다. 다섯 감각 기관으로는 우리가 담마를 알 수 없습니다. 담마를 이해할 수 있는 능력이 마노입니다. 부처님은 인간 자체를 '마노, 의를 발달시킬 가능성을 안고 있는 존재'[30]로 규정하시고, 그 위에서 담마를 설하십니다. 이렇듯 부처님이 시설하신 마노 덕분에 인간에 대한 해석도 확연히 달라지게 되는 겁니다.

촉觸 phassa

다음으로 '육처가 있으면 촉觸이 있다.'입니다. 촉은 빠알리어로 팟사phassa입니다. 앞서 본 바와 같이 내육

---

30 활성 스님, 소리·열여덟 《의를 가진 존재, 사람 – 불교의 인간관》, 〈고요한소리〉 참조.

처는 안·이·비·설·신·의이고 외육처는 색·성·향·미·촉·법이지요. 그리고 안식眼識·이식耳識·비식鼻識·설식舌識·신식身識·의식意識, 이렇게 육식六識이 있습니다. 눈이 형상을 만나고, 귀가 소리를 만나고, 코가 냄새를 만나고, 혀가 맛을 만나고, 피부가 촉감을 만납니다. 그리고 여섯 번째 의意, 마노가 법法, 담마를 만납니다. 이렇게 만남으로써 이루어지는 이 여섯 세계를 육촉六觸 또는 육촉신六觸身이라 합니다.

그런데 촉으로 인해 생기는 여섯 세계 중 앞의 안·이·비·설·신, 다섯 세계는 서로 섞일 수 없습니다. 가령 눈이 형상을 보는데 소리가 와서 눈의 일에 간여할 수 없다는 것입니다. 보는 세계, 듣는 세계, 냄새 맡는 세계 등 각각 독자적인 세계가 있어서 서로 침범할 수 없는 고유 영역을 유지하고 있습니다. 그리고 그 고유 영역들 각각은 오로지 의계意界[31]에 의해서 지각됩니다. 의식意識되는 거지요. 그리고 각 영역은 우리가 짓는 의업意業에 의해 제어되는 수도 있습니다. 그것이 우리 감각 기관의 특성입니다. 우리는 감각 기관을 통해 매우 제한적으로 바깥 대상을 접할 수 있을 뿐입니다.

---

31 "아아난다여, 이러한 열여덟 가지 요소들이 있다. 눈의 요소[眼界], 형색의 요소[色界], 눈의 알음알이 요소[眼識界], 귀의 요소[耳界]. 소리의 요소[聲界], 귀의 알음알이 요소[耳識界], 코의 요소[鼻界], 냄새의 요소[香界], 코의 알음알이 요소[鼻識界], 혀의 요소[舌界], 맛의 요소[味界], 혀의 알음알이 요소[舌識界], 몸의 요소[身界], 감촉의 요소[觸界], 몸의 알음알이 요소[身識界], 마노의 요소[意界], 법의 요소[法界], 마노의 알음알이 요소[意識界]이다. *Aṭṭhārasa kho imā ānanda, dhātuyo: cakkhudhātu rūpadhātu cakkhuviññāṇadhātu, sotadhātu saddadhātu sotaviññāṇadhātu, ghānadhātu gandhadhātu ghānaviññāṇadhātu, jivhādhātu rasadhātu jivhāviññāṇadhātu kāyadhātu phoṭṭhabbadhātu kāyaviññāṇadhātu manodhātu dhammadhātu manoviññāṇadhātuti.*"
《맛지마 니까아야*Majjhima Nikāya* 中部》, 115 〈여러 종류의 요소 경 *Bahudhātuka sutta*〉, Ⅲ, 62쪽 ; 《상윳따 니까아야*Saṃyutta Nikāya* 相應部》, 14:1 〈요소 경*Dhātu sutta*〉, Ⅱ, 140쪽.

촉은 내처와 외처 그리고 식, 이 셋이 어울려 일어납니다. 이 중 하나만 빠져도 촉이 이루어지지 않습니다. 가령 전쟁터에서 후퇴하는데, 발꿈치에 총알이 박혀 피가 철철 흘러도 죽기 살기로 도망가는 동안에는 어디서 피가 흐르고 있는지도 아픈지도 모릅니다. 이때 식識은 도망가는 데만 가 있어서 총 맞은 곳에 식이 결합하지 않아 아픈지도 모르는 겁니다. 뒤꿈치에 비상사태가 발생했음에도 불구하고 촉이 안 이루어지고 있는 거지요. 또 우리가 딴생각하면서 한눈팔 때는 앞에 있는 나무를 보아도 그 나무를 인식하지 못하지요. 안식眼識이 가서 나무를 알아차릴 때, 그때 촉이 일어나는 것입니다. 요컨대 육내처六內處와 육외처六外處가 식과 어울려 촉이 일어나면 곧바로 수-애-취로 이어집니다.

다음으로 '촉이 있으면 수受가 있다.'입니다. 수는 느낌, 감수感受를 말하는데, 빠알리어로 웨다나*vedanā*입니다. 부처님이 수에는 세 가지가 있다고 하셨습니다. 괴로운 느낌, 즐거운 느낌, 괴롭지도 즐겁지도 않은 무덤덤한 느낌입니다. 한역에서는 고수苦受·낙수樂受·불고불락수不苦不樂受라고 하지요. 우리는 고통을 주는 괴로운 느낌은 피하려 들고 즐거운 느낌은 추구해 마지않지요. 세 번째의 괴롭지도 즐겁지도 않은 무덤덤한 느낌은 우리가 일상적으로는 잘 알아차리지 못합니다. 그런데 부처님이 이 불고불낙수를 느낌의 항목에 더 넣으신 것은 매우 중요한 의미가 있습니다.

부처님은 이 세 가지 느낌이 일어나는 데는 각각 탐·

진·치의 잠재 성향이 작용한다고 말씀하셨습니다. 즐거운 느낌에는 탐욕[貪]의 잠재 성향이, 괴로운 느낌에는 적의[瞋]의 잠재 성향이, 괴롭지도 즐겁지도 않은 느낌에는 무지[癡]의 잠재 성향이 작용합니다. 우리가 좋고 즐거운 느낌을 느끼면 '~이 있었으면' 하는 마음 상태가 되어 탐욕이 생기고, 나쁘고 괴로운 느낌을 느끼면 '~이 없었으면' 하는 마음 상태가 되어 거부하고 피하려 들기에 적의가 생깁니다. 괴롭지도 즐겁지도 않은 무덤덤한 느낌을 알아차리지 못하면 무지 상태가 생깁니다. 더구나 즐거운 느낌을 즐기고 탐닉하면 탐욕의 잠재 성향이 강해지고, 괴로운 느낌에 가슴 치다 보면 적의의 잠재 성향이 강해지고, 괴롭지도 즐겁지도 않은 느낌을 있는 그대로 알지 못하면 무지의 잠새 성향이 강해집니다. 부처님은 이 느낌들에서 일어나는 고질적 잠재 성향을 반드시 없애야 한다고 말씀하

십니다.[32]

　사실 느낌만큼 마음과 쉽게 어울리고 마음에 뚜렷이 각인되는 게 없습니다. 우리가 뭔가를 보고 어떤 인상을 받을 때, 강렬한 느낌이 있으면 그 느낌의 기억은 마음 깊이 새겨져 평생을 갈 수도 있습니다. 평생을 넘어 다음 생 그다음 생까지 갈 수도 있습니다. 느낌은 우리에게 대상이 실재하는 것 같은 현실감을 줍니다. 그 현실감 때문에 우리가 명색에 사로잡혀 버립니다. 느낌에서 오는 생생한 사실감으로 인해 명색에 대해서 의심하거나 회의할 수가 없는 겁니다. 세상에 느낌처럼 강한 힘을 가진 게 없습니다.[33] 그리고 주목할 것은 느

---

32 《맛지마 니까아야*Majjhima Nikāya* 中部》, 44 〈교리문답의 짧은 경 *Cūḷavedalla sutta*〉, Ⅰ, 303쪽.

33 법륜·열둘 《염수경-상응부 느낌편》, 냐나뽀니까 스님 엮음, 규혜 스님 옮김, 〈고요한소리〉 참조.

낌이 일어날 때마다 상想, 산냐가 들러붙어[34] 다음 단
계인 애-취로 넘어가는 사달이 벌어지도록 돕는다는
사실입니다.

부처님은 윤회고輪廻苦를 끊을 수 있는 유일한 고리
로 십이연기 중 수受를 드셨습니다.[35] 우리는 이 말씀

---

34 활성 스님, 소리·스물넷 《산냐에서 빤냐로》, 〈고요한소리〉 참조.

35 "비구들이여, 이들 세 가지 느낌이 있나니, 무엇이 그 셋인가? 즐거운 느낌, 괴로운 느낌 또 괴롭지도 즐겁지도 않은 느낌. 비구들이여, 이들이 곧 세 가지 느낌이니라. 삼매에 들어 분명히 알며 마음 챙기는 부처님의 제자는 느낌을 알고 느낌이 어떻게 비롯되는지 그 기원을 알며 어디서 느낌이 그치는지 그리고 느낌의 멸진滅盡으로 이끄는 길을 아느니라. 느낌의 멸진에 다다랐을 때 비구는 갈증이 풀려 열반을 성취한다. *tisso imā, bhikkhave, vedanā. katamā tisso? sukhā vedanā, dukkhā vedanā, adukkhamasukhā vedanā — imā kho, bhikkhave, tisso vedanāti. samāhito sampajāno, sato buddhassa sāvako. vedanā ca pajānāti, vedanānañca sambhavaṃ. yattha cetā nirujjhanti, maggañca khayagāminaṃ. vedanānaṃ khayā bhikkhu, nicchāto parinibbuto ti.*" 《상윳따 니까아야*Saṃyutta Nikāya* 相應部》, 36:1 〈삼매 경 *Samādhi sutta*〉, IV, 204쪽.

에 주목해야 합니다. 따라서 수 단계에서 상, 산냐와 결합하지 않도록 마음챙김하여 느낌을 맨 느낌 그대로 보아야 합니다. 우리는 좋거나 싫은 게 아니면 잘 느끼지 못하지요. 그러나 느낌을 면밀하게 관찰해 나가다 보면 괴롭지도 즐겁지도 않은 느낌이 있는 상태를 알아차릴 수 있게 됩니다. 예리하고 미세하게 느끼는 능력이 한층 더 개발되면 무덤덤한 불고불락수라는 것도 생생하게 경험할 수 있습니다.

우리가 마음챙김하면서 수를 예리하게 관찰하는 힘이 커질수록 맨 느낌 그대로를 볼 수 있게 됩니다. 특히 괴롭지도 즐겁지도 않은 불고불락수에 숨어있는 평온*upekkhā*의 요소를 개발, 강화할 수 있습니다.[36] 그것

---

36 "… 즐거움도 버렸고 괴로움도 버렸고 그 이전에 기쁨과 슬픔을 멸했으므로 괴롭지도 즐겁지도 않은 평온과 마음챙김이 두루 청정한 제4선을 구족하여 머문다. *Puna ca paraṃ bhikkhave, bhikkhu sukhassa ca pahānā dukkhassa ca pahānā pubbe va somanassadomanassānaṃ*

이 바로 윤회의 고리를 끊는 길이 됩니다. 그런 만큼 수야말로 십이연기의 열두 고리 가운데 매우 심대하고 독특한 지위를 갖는다고 하겠습니다.

애愛 *taṇhā*

다음으로 '수가 있으면 애愛가 있다.'입니다. 여기서 애는 갈애*taṇhā*를 말합니다. 갈애는 그저 좋아함이나 애정을 넘어 기어이 소유하겠다는 절박한 애착을 뜻합니다. 보통 웬만한 욕구는 견딜 수 있는데, 목이 타는 갈증은 시간이 지난다고 해서 해결이 되지는 않지

---

atthagamā adukkhaṃ asukhaṃ upekkhāsatipārisuddhiṃ catutthaṃ jhānaṃ upasampajja viharati." 《맛지마 니까아야*Majjhima Nikāya* 中部》, 119 〈염신경*Kāyagatāsati sutta*〉, Ⅲ, 94쪽 ; 금구의 말씀·하나 《염신경》, 현음 스님 옮김, 〈고요한소리〉 참조.

요. 반드시 충족되어야만 해소되는 목마름과 같은 것
이 갈애입니다.

　갈애에는 세 가지가 있는데, 욕애欲愛, 유애有愛, 무
유애無有愛가 그것입니다.[37] 욕애는 감각적 욕망의 세
계에 대한 갈구입니다. 유애는 존재하고자 하는 갈애
를 말합니다. 죽음을 앞두고 전전긍긍하는 것은 존재
가 없어지는 것에 대한 두려움인데, 그만큼 존재에 대
한 갈애가 뿌리 깊게 도사리고 있는 것입니다. 무유애
는 존재하고 싶지 않은 강력한 욕구입니다. 유애가 강
하다 보면 심지어 무유애가 생겨나는 수도 있지요. 원

37　"Katamā nu kho āvuso taṇhāti. Tisso imā āvuso taṇhā: kāmataṇhā
　　bhavataṇhā vibhavataṇhā."《상윳따 니까아야Saṃyutta Nikāya 相應
　　部》, 38:10 〈갈애 경Taṇhā sutta〉, IV, 257쪽. ; "taṇhā ponobhavikā
　　nandirāgasahagatā tatra tatrābhinandinī seyyathīdaṁ kāmataṇhā
　　bhavataṇhā vibhavataṇhā"《상윳따 니까아야Saṃyutta Nikāya 相應
　　部》, 22:103 〈부분 경Anta sutta〉, III, 158쪽.

하는 대로 안 되어 절망이 클 때 '존재하지 않았으면 좋겠다'는 무유애가 발생하는 수도 있다는 말입니다. 자살 충동도 무유애이고, 공空이나 무색계정無色界定에 대한 갈애도 무유애지요. 애愛는 이렇게 세 가지입니다.

그중에 유애有愛, 무유애無有愛의 경우처럼 애에 대해서 '유有와 무無'가 거론되고 있다는 점을 주목하게 됩니다. 우리 중생의 사고 세계는 유무를 못 벗어납니다. 우리가 무엇을 생각하거나 철학적 사유를 해도 결국은 유무 놀음입니다. 유와 무라는 양극단이지요. 이처럼 '우리를 유무에 갇히게 만드는 게 바로 갈애'라고 볼 때 십이연기의 성격을 조금 더 깊이 파악할 수 있을 겁니다. 말하자면 유무에 갇히고 욕망을 못 벗어나게 만드는 것이 갈애입니다. 갈애는 뒤이어 오는 집착, 즉 취取보다 더 근원적이면서도 다양한 욕구를 가리킵니다. 결국 중생을 재생으로 이어지게 하고 거듭거듭 윤회하게 하는 장본이 갈애입니다. 그래서 경에서도 '무명'과 더불어 이 '애愛'를 십이연기가 진행되는 핵심 고리, 특히나 고苦 발생의 핵심 고리로 언급합니다.[38]

취取 *upādāna*

다음으로 '애愛가 있으면 취取가 있다.'입니다. 갈애가 있으면 그 대상을 붙잡으려 들고 놓지 않으려고 꽉 잡게 됩니다. 이런 상태를 집착[取]이라 합니다. 취取

---

38 "무명에 덮이고 어리석은 자의 갈애와 상응하여 이처럼 이 몸이 생겨난다. *Avijjānīvaraṇassa bhikkhave, bālassa taṇhāya sampayuttassa evamayaṃ kāyo samudāgato.*" 《상윳따 니까아야*Saṃyutta Nikāya* 相應部》, 12:19 〈우현 경*Bālapaṇḍita sutta*〉, Ⅱ, 23~24쪽.

*upādāna*는 '달라붙음, 움켜쥠'이라는 뜻입니다. 취는 안 떨어지려고 안 놓치려고 움켜쥐는 것입니다.

취에는 네 가지가 있는데, 욕취慾取, 견취見取, 계금취戒禁取, 아어취我語取가 그것입니다.[39] 욕취慾取는 감각적 욕망에 대한 집착이지요. 식욕, 수면욕, 성욕, 명예욕, 재욕 같은 오욕락을 죽어라 안 놓으려는 것이 욕취입니다.

견취는 견해에 대한 집착입니다. 욕취와 짝을 이루

---

39 "비구들이여, 욕취慾取, 견취見取, 계금취戒禁取, 아어취我語取, 이 네 가지 취착이 있다. 이를 일러 취착이라 한다. *Cattarimāni bhikkhave upādānāni kāmupādānaṁ diṭṭhupādānaṁ sīlabbatupādānaṁ attavādupādānaṁ idam vuccati bhikkhave upādānaṁ.*"《상윳따 니까아야*Saṃyutta Nikāya* 相應部》, 12:2 〈분석 경*Vibhaṅga sutta*〉, II, 3쪽 ;《맛지마 니까아야*Majjhima Nikāya* 中部》, 11 〈사자후의 짧은 경 *Cūḷasīhanāda sutta*〉, I, 66쪽.

어서 욕취를 부추기고 키우는 게 견취見取입니다. 이데 올로기나 종교는 대표적인 견취라 하겠습니다. 절에 다니면서 혹여 부처님 담마를 공부하기보다 복을 비는 게 주가 된다면 이 또한 견취에 해당됩니다. 계금취戒禁取는 계율과 금계에 대한 집착을 말합니다. '내가 계율을 잘 지키니까 나는 할 일을 다 했다.'라든가, '사소한 것이라도 반드시 지켜야 한다.'라든가 하는 식으로 계율에 지나치게 치우쳐 집착하는 것이 수행의 진전을 가로막습니다. 부처님이 계금취를 경계하라고 강조하신 것은 이 때문입니다. 어떤 견해나 계율, 금계에 집착하면 수행의 진전이 없을 뿐 아니라 고苦를 겪을 수밖에 없게 됩니다.

마지막은 아어취我語取입니다. 자아가 있다는 주장, 즉 자아론attavāda에 대한 집착을 말합니다. '내가 안다, 내가 한다.'라고 할 때의 '나, 자아'라고 하는 건 한 낱 환상에 불과하지요. 그런데도 우리 중생은 누구나 자아에 집착하고 아집에 빠져있습니다. 아어취를 벗어나지 않고는 결코 열반을 이루지 못합니다. 자아론의 폐단이 매우 큽니다. 요새 무시무시한 견취, 욕취, 계금취, 아어취가 온 지구를 휘감아 버렸습니다. 극성해 버린 이들 네 가지 취로 인해 결국 생태계는 파괴되고 지구촌은 기후변화로 인한 갖가지 재난을 겪기에 이르렀습니다. 불교에서 무아無我를 이야기하는 것도 이러한 집착에서 벗어나라는 뜻입니다.

취는 보통 '갈애가 강해진 형태'라고 보기도 하는데 그보다 '갈애가 구체화된 형태'라 보면 어떨까 합니다. 존재에 대한 갈애처럼 갈애는 어떻게 보면 막연한 면이 있지요. 특히 갈애를 없애려고 노력할 때는 어디부터 어떻게 손을 대야 할지 모를 수 있습니다. 부처님이 취를 구체적으로 욕취, 견취, 계금취, 아어취, 네 가지로 나누시고 이렇게 말씀하셨습니다.

내가 욕취를 버렸어도 열반이 안 되더라,

견취를 버렸어도 열반이 안 되더라,

계금취를 버렸어도 열반이 안 되더라,

그런데 아어취마저 놓으니까 열반이 되더라.[40]

향상하고자 하는 우리도 부처님 가르침에 따라 욕취, 견취, 계금취, 아어취, 이들 각각을 기필코 넘어서야 합니다.

그러니까 취取는 십이연기 순관을 할 때보다는 역관

---

40 《맛지마 니까아야*Majjhima Nikāya* 中部》, 11 〈사자후의 짧은 경 *Cūḷasīhanāda Sutta*〉, Ⅰ, 66~67쪽 참조.

을 할 때 꼭 필요하다고 할 수 있습니다. 순관을 할 때
는 취를 빼고 '갈애가 있어서 유가 있다.' 해도 큰 무리
가 없지요. 하지만 십이연기 역관을 할 때는 구체적으
로 어떻게 하라는 지침이 필요합니다. 다시 말해 '욕취
를 없애고, 견취를 없애고, 계금취를 없애고, 아어취
를 없애라!' 대단히 구체적인 이야기입니다. 이처럼 취
는 십이연기 역관에서 실천적 지침으로서 반드시 필요
합니다.

유有 *bhava*

다음으로 '취가 있으면 유有가 있다.'입니다. 유有는
빠알리어로 바와*bhava*라고 하는데 '존재, 생성, 있음,
~이 됨'이라는 말로 '변천하면서 존재하다'는 뜻을 담

고 있습니다. 유는 고정된 존재가 아니라 '존재로 되는 과정'을 뜻합니다. 요컨대 유는 존재라기보다는 존재성, 존재 가능성이지요.

유에는 욕유欲有, 색유色有, 무색유無色有, 세 가지가 있습니다.[41] 욕유欲有는 이름 그대로 욕계欲界의 존재를 말합니다. 욕망의 세계인 욕계는 지금 우리가 사는 삶의 무대이며, 윤회하는 육도六道를 가리킵니다. 육도는 지옥, 아귀, 축생, 아수라, 인간, 욕계 천상입니다. 색유色有는 색계정에 들어서 비로소 경험하게 되는 존

---

41 "비구들이여, 무엇이 유有인가? 비구들이여 세 가지 유, 즉 욕유欲有, 색유色有 무색유無色有가 있다. 비구들이여, 이를 일러 유라고 한다. *Katamo ca bhikkhave, bhavo? Tayome bhikkhave, bhavā: kāmabhavo, rūpabhavo, arūpabhavo. Ayaṃ vuccati bhikkhave, bhavo.*"《상윳따 니까아야*Saṃyutta Nikāya* 相應部》, 12:2 〈분석 경*Vibhaṅga sutta*〉, Ⅱ, 3쪽 ;《맛지마 니까아야*Majjhima Nikāya* 中部》, 9 〈바른 견해 경 *Sammādiṭṭhi sutta*〉, Ⅰ, 50쪽.

재 세계입니다. 무색유無色有는 무색계정에 들어서 경험하는 세계입니다. 욕계에 사는 우리로서는 정定에 들어서야 색계와 무색계를 경험합니다. 색계色界와 무색계無色界[42]는 정에 들어 경험하는 특수 세계라고 하겠습니다. 잘 알려진 바와 같이 부처님은 색계 제4선에서 열반에 드십니다. 따라서 열반, 즉 진리의 입장에서 욕계보다는 오히려 무색계가 그리고 무색계보다는 색계가 훨씬 진실성 있는 현실입니다.[43]

---

42 "여러분, 욕계欲界·색계色界·무색계無色界에 대해 들어보셨지요? 우주가 삼계三界로 되어있다는 겁니다. 그런데 인류의 종말을 통해 욕계가 종말에 이릅니다. 색계, 무색계는 정定의 세계라 물질과는 달라서 종말이 없습니다. 일종의 정신세계입니다. 물질이 다 끝나고 공空으로 돌아가도 그 세계는 여전히 존재합니다. …… 욕계·색계·무색계, 삼계三界는 부처님이 세우신 법의 언어입니다. 그냥 우주론이 아닙니다. 부처님 법은 과학보다 넓고 큽니다. 이 법은 삼계와 해탈을 이야기하고 열반을 목표로 하는 엄청난 체계입니다." 활성 스님, 소리·열 《과학과 불법의 융합》, 〈고요한소리〉 참조.

43 "무색계정의 특징은 상想에 의한 지배입니다. 상이 주도하는 정定, 그것은 아무리 깊은 정이라도 진리 차원에서 보면 해탈이나 열반

요컨대 취가 있기 때문에 유, 즉 존재가 될 준비 상
태가 됩니다. 이렇게 욕유, 색유, 무색유와 연을 맺어
욕계 존재, 색계 존재, 무색계 존재가 됩니다.

생生 *jāti*

다음으로 '유有가 있으면 생生이 있다.'입니다. 존재

과는 거리가 멉니다. 이처럼 무색계정은 상과 무관할 수 없을 뿐만
아니라 정에 치우치기에 일종의 극단이 됩니다. 이런 극단을 지양
하여 중도를 지키는 것이 색계 4선입니다. …, 〈대반열반경〉에 보
면 부처님이 열반에 드실 때 색계 제4선에서 열반에 드십니다. 부
처님은 무색계정도 정에 들어있는 동안은 마음이 해탈을 경험하
지만 거기서 그칠 뿐 지혜가 열리지 않으니, 열반을 이룰 수 없다고
하셨습니다. 그러니 색계가 혜해탈로 열반을 이루는 진실성 있는
현실입니다." 활성 스님, 소리·스물여섯 《팔정도 다시 보기》, 〈고
요한소리〉(2024), 104~113쪽 ; 《디이가 니까아야*Dīgha Nikāya* 長
部》, 16 〈대반열반경*Mahāparinibbāna sutta*》, II, 156쪽 참조.

가능성인 유에서 비로소 실질적인 존재가 구현되는 것이 태어남, 즉 생生입니다. 생은 빠알리어로 자아띠*jāti*입니다. 태어남에도 태생胎生, 난생卵生, 습생濕生, 화생化生, 네 가지 형태가 있지요. 천상 세계에 태어날 때는 화생으로 바로 태어납니다. 뿐만 아니라 지옥 중생도 화생으로 태어납니다. 그런데 우리 인류는 어머니 자궁을 빌려 태어나는 태생이지요. 열 달이나 어머니 자궁 속에 갇혀서 그 뜨겁고 탁한 물속에서 자라는 힘든 과정을 거쳐 금생을 받습니다. 이 점은 축생도 마찬가지이지요. 욕계 중생인 우리는 육신을 지니게 마련이고 태어나는 그 순간부터 성장·노화의 길을 걸어야 하며 병을 겪고 육신의 종말, 즉 죽음을 반드시 겪게 마련인 생을 타고났습니다.

노사 老死 *jarāmaraṇa*

마지막으로 '생이 있으면 노사老死가 있다.'입니다. 일단 태어나면 늙고 죽는 고통스런 과정은 피할 길이 없게 됩니다. 그것이 노사老死이지요. 또한 태어나면 누구나 수愁·비悲·고苦·우憂·뇌惱, 즉 슬픔·비탄·고통·근심·고뇌를 피할 수 없습니다. 육체적 고통과 정신적 고통을 피할 수 없는 겁니다. 이렇게 유有-생生-노사老死는 우리가 어떻게 해볼 여지가 없는 필연적 과정입니다. 혹여 자살한다 해서 윤회를 피할 수 있는 것도 아니지요. 오히려 자살 업業을 더 보태게 되어 욕계 중에서도 가장 고약한 곳에 떨어져 더 지독한 고苦를 겪을 수 있습니다. 그러니까 유-생-노사는 그에 앞선 조건들이 있는 한 피할 길이 없습니다.

이와 같이 하나하나 연기적으로 보는 것이 십이연기 순관順觀입니다. 순관으로 보면 '이 세상사가 무엇 무엇을 조건으로 해서 일어나는 현상'입니다. 십이연기 순관을 한 문장으로 정리하면 결국 '무명이 있으면 노사를 피치 못해 수·비·고·우·뇌를 겪어야 한다.'는 것입니다.

'무명이 있으면 제행이 있고, 제행이 있으면 식이 있고, 식이 있으면 명색이 있고, 명색이 있으면 육처가 있고, 육처가 있으면 촉이 있고, 촉이 있으면 수가 있고, 수가 있으면 애가 있고, 애가 있으면 취가 있고, 취가 있으면 유가 있고, 유가 있으면 생이 있고, 생이 있으면 노사가 있다.'로 주욱 나가는 것이 십이연기 순관인데, 그 구조가 말하는 바는 결국 모든 현상에는 선행하는 인因과 이에 따른 연緣이 있다는 것입니다. 심각한 문제는 이 연緣이 다시 선행하는 조건이 되어 인因과 연

緣이 거듭해서 생겨난다는 데 있습니다. 그게 사바세계의 질서입니다. 말하자면 우리 중생의 세계는 십이연기 순관의 세계입니다. 부처님 눈으로 보실 때 인생살이는 무명이 연출하는 연기적 흐름이고 고생苦生살이입니다. 중생은 십이연기의 순관에 따라 고苦를 사는 존재입니다.

그런데 십이연기 순관은 사람이 죽었다가 다시 또 태어나고 거듭거듭 끝없이 윤회를 계속한다는 이야기에만 그치는 게 아닙니다. 우리가 왜 태어나서 존재하는지 그 근원까지 파고 들어가는 것입니다. 다시 말해 고苦의 원인을 찾아 의미 있는 가장 깊은 곳까지 뚫고 들어가는 것입니다. 관념적으로 따지는 데서 그치지 않습니다. 고의 원인을 제대로 파악해서 고를 극복할 수 있도록 십이연기를 실천적 대상이 되게끔 꿰뚫어 들어가는 것입니다. 그리하면 마침내 윤회하며 고苦를 겪는 중생이 그 윤회고輪廻苦를 벗어나는 길을 찾아 나아가게 됩니다. 그 길이 십이연기 역관입니다. 바로 이것이 부처님 메시지입니다.

4. 십이연기 역관

고苦를 멸하는 과정

부처님은 '나는 고苦와 고의 멸滅을 말할 뿐이다.'[44]
라고 선언하셨습니다. 고苦가 무엇인지, 고를 멸하는
길이 무엇인지, 이 둘이 부처님 가르침의 요체입니다.
위에서 살펴본 바와 같이 십이연기의 모든 항목은 그
에 선행하는 원인이 조건이 되어 고를 만듭니다. 이처

---

[44] "나는 이전에도 지금도 단지 '고와 고의 멸'을 선언할 뿐이다.
pubbe cāham etarahi ca dukkhañceva paññāpemi dukkhassa ca nirodhanti."
《상윳따 니까아야*Saṃyutta Nikāya* 相應部》, 22:86 〈아누라아다 경
Anurādha sutta〉, Ⅲ, 119쪽 ; 《맛지마 니까아야*Majjhima Nikāya* 中部》,
22 〈뱀의 비유 경*Alagaddūpama sutta*〉, Ⅰ, 140쪽.

럼 십이연기의 순관順觀이 고가 발생하는 과정이라면 고를 멸하는 과정도 생각할 수 있는데 그 과정이 십이 연기의 역관逆觀입니다. 십이연기의 열두 항목은 모두 우리에게 고苦를 안겨주는 부정적인 것들입니다. 그러니까 고苦를 줄이고 없애려면 이 열두 항목의 세력이 약해지고 없어져야 되겠습니다. 따라서 우리는 이 열두 항목을 없애기 위해서 부단히 노력해야 합니다.

고苦를 멸하는 과정이 십이연기 역관입니다. 그렇다면 그 길은 무엇인가? 순관은 빠알리어로 아눌로마*anuloma* 인데 사람 몸에 있는 '털*loma*이 바람에 따라서*anu* 눕는 것'을 말합니다. 한문으로는 '따를 순順, 볼 관觀'이니, '순차적으로 보다'라는 뜻이지요. 역관은 빠알리어로 빠띨로마*paṭiloma*인데, 한문으로는 '거스를 역逆, 볼 관觀'이니 '거슬러서 보다'라는 뜻입니다. 부처님은 '노사

老死가 없으려면 생生이 없어야 하고, 생이 없으려면 유有가 없어야 하고, 유가 없으려면 취取가 없어야 하고, 취가 없으려면 애愛가 없어야 하고, 애가 없으려면 수受가 없어야 하고, 수가 없으려면 촉觸이 없어야 하고, 촉이 없으려면 육처六處가 없어야 하고, 육처가 없으려면 명색名色이 없어야 하고, 명색이 없으려면 식識이 없어야 하고, 식이 없으려면 제행諸行이 없어야 하고, 제행이 없으려면 무명無明이 없어야 한다.'고 하셨습니다. 이 말씀은 '무명이 없으면 제행이 없고, 제행이 없으면 식이 없고 ……, 생이 없으면 노사가 없다.'는 뜻이니 노사, 수·비·고·우·뇌가 없으려면 궁극에는 무명이 없어야 한다는 것입니다. 이처럼 십이연기의 모든 항목을 없애나가는 것이 역관의 길입니다.

십이연기의 과정을 역으로 거슬러 올라가 보겠습니

다. 자, 지금 우리가 잘 아는 누군가가 죽어서 그 상가
喪家에 와 있다고 합시다. 여기서 우리는 근본적인 질
문을 던집니다. 이 죽음이라는 고통, 죽는 과정의 고통
은 왜 왔는가? 근본적으로 얘기하면 육신을 가지고 사
는 존재로 태어났기 때문에 육신의 죽음이 온 것입니
다. 육신을 가진 생을 안 받았더라면 늙느니 죽느니 하
는 고통스런 일을 이처럼 힘들게 겪지 않아도 될 것입
니다. 당연한 이야기입니다.

이 당연한 이야기를 왜 하느냐? 안 태어날 수도 있
기 때문입니다. 안 태어날 수 있는데 '태어났기 때문
에 고품다.', 이 말입니다. 그러면 왜 태어남을 면하지
못했는가? 그건 유有가 있었기 때문입니다. 존재 세계
에 관여했고 존재 세계와 연을 맺었기 때문입니다. 중
생의 경우 욕유欲有에 연을 맺고 이 욕계에 태어났기

에 죽음이라는 고를 고통스럽게 겪을 수밖에 없는 겁
니다.

그럼 왜 존재[有]의 연을 맺게 되었는가? '취取가 있
기 때문에 유有가 있게 된다.'고 부처님이 말씀하셨습
니다. 유가 있게 된 것은 취, 즉 집착 때문입니다. 결국
유가 없으려면 취가 없어야 합니다. 존재에 대해 집착
을 했기 때문에 몸을 받아 존재로 태어난 것입니다. 취
取란 무언가를 꽉 붙잡고 놓지 않으려고 애쓰는 것, 꼭
붙들어야만 되겠다는 절박한 상태를 말합니다. 취는
'에너지의 강력한 응집 상태'입니다. 인간 존재를 움켜
쥐려는 에너지가 밀도 높게 결집되어 있기 때문에 인
간 존재 형태로 태어나고, 태어난 이상 언젠가는 죽을
수밖에 없다는 말입니다.

그러면 집착[取]은 왜 있는가? 부처님은 '갈애[愛]가 있기 때문에 집착이 있다.'고 하셨습니다. 갈애는 목마른 사람이 물을 찾듯 몹시 조급히 헐떡거리며 구하는 마음입니다. 갈애는 세세생생 우리를 윤회에 묶어 놓는 장본입니다. 앞서 말했듯이 갈애에는 욕애欲愛, 유애有愛, 무유애無有愛가 있지요. 이 갈애가 우리를 욕망과 유무有無의 극단에 붙잡아 놓습니다.

왜 우리가 욕망과 유무의 극단을 못 벗어나고 붙잡혀 있느냐? 느낌, 수受 때문입니다. 순관을 다루면서 얘기했듯 느낌에는 즐거운 느낌, 괴로운 느낌 그리고 괴롭지도 즐겁지도 않은 느낌, 세 가지가 있지요. 좋고 즐거운 느낌이 일어나면 더 원하는 마음 상태가 되어 탐욕[貪]이 강화되고, 나쁘고 괴로운 느낌이 일어나면 거부하고 피하려는 마음 상태가 되어 적의[瞋]가 강화

되며 괴롭지도 즐겁지도 않은 느낌의 경우에는 그 느
낌을 알아차리지 못하여 무지[癡]가 강화됩니다. 우리
는 이 세 가지 느낌을 '있는 그대로' 알아차리도록 노
력해야 합니다.

부처님은 경에서 이 느낌들을 일으키는 고질적 잠
재 성향을 뿌리 뽑지 않으면 해탈·열반은 불가능하다
고 하셨습니다.

비구들이여,
즐거움을 느낄 때 탐욕의 잠재 성향을 버려야 한다.
괴로움을 느낄 때 적의의 잠재 성향을 버려야 한다.
괴롭지도 즐겁지도 않은 느낌을 느낄 때
무지의 잠재 성향을 버려야 한다.[45]

---

45 "*Sukhāya bhikkhave vedanāya rāgānusayo pahātabbo, dukkhāya vedanāya paṭighānusayo pahātabbo, adukkhamasukhāya vedanāya avijjānusayo*

그다음, 느낌[受]은 왜 있느냐? 부처님은 '촉觸이 있기 때문에 느낌이 있다.'고 하셨습니다. 앞서 말한 바와 같이 감각 기관인 내처內處와 바깥 대상[對境]인 외처外處 그리고 식識, 이 셋이 만나는 것을 촉이라 합니다. 눈과 형상과 식이 만날 때 비로소 촉이 일어나고 곧바로 느낌을 일으키게 됩니다. 촉 때문에 느낌이 일어나고, 느낌 때문에 갈애가 생기고 그리고 존재[有]까지 있게 되어 마침내는 죽음의 고통을 겪게 됩니다.

이처럼 '촉 때문에 느낌이 있다'는 건 너무 당연한 건데, 왜 부처님이 굳이 그런 언급을 하셔야만 했을까요? 촉이 일어나지 않게 할 수 있기에 그런 말씀을 하

pahātabbo." 《상윳따 니까아야_Saṃyutta Nikāya_ 相應部》, 36:3 〈느낌 상윳따〉 〈버림 경_Pahāna sutta_〉, Ⅳ, 205쪽 ; 법륜·열둘 《염수경-상응부 느낌편》, 냐나뽀니까 스님 엮음, 규혜 스님 옮김, 〈고요한소리〉 (2019), 24~27쪽.

신 겁니다. 촉이 일어나지 않는다면 느낌도 원천적으로 없을 수 있다는 사실을 전제로 하시는 말씀입니다. 그럼 촉은 왜 일어나느냐? 감각 기관이 있기 때문입니다. 여섯 감각 기관, 즉 육처六處 때문에 촉이라는 현상이 일어납니다. 그러면 감각 기관인 육처는 왜 있는가? 명색名色이 있기 때문입니다. 부처님은 촉과 마찬가지로 '명색이 없을 수 있다'는 가능성을 제시하셨습니다. '명색은 없을 수 있다'는 메시지입니다.

그럼 명색은 왜 있게 되느냐? 식識이 있기 때문입니다. 흔히 '영혼'이라는 말을 많이 쓰지요. 이 영혼에 가장 가까운 불교 개념이 식입니다. 하지만 불교의 식識은 영혼과 근본적인 차이가 있습니다. 영혼불멸설 많이 들어봤지요? 영혼은 영원히 존재하면서 하늘나라로 가거나 지옥으로 간다고 보는 것이 영혼 상주常住,

영혼 불멸 개념입니다. 또한 힌두교에서는 '자아'가 불멸이라고 합니다. 자아 불멸이라는 개념은 기독교에서 말하는 영혼과 유사합니다. 그래서 범아일여梵我一如를 주장하는 힌두교에서는 불교의 '제법무아諸法無我'46를 인정하지 않습니다. 무아를 인정하면 윤회하는 주체가 없어지니까 윤회가 성립될 수 없다는 것이 그 이유이지요.

불교 입장에서는 '영혼이나 자아가 불멸한다면 어떻게 해탈을 할 수 있는가?'하는 질문이 바로 나옵니다. 영혼이 불멸한다면 해탈·열반은 이야기할 수 없습니다. 영혼은 멸성제滅聖諦와 연결시키기 어렵습니다.

부처님은 식識이 영원히 존재하는 것이 아니라고 말

---

46 법륜·넷《존재의 세 가지 속성, 삼법인》, 오 에이치 드 에이 위제세께라 지음, 이지수 옮김, 〈고요한소리〉 참조.

씀하심으로써 해탈의 가능성을 열어 놓으셨습니다. 말하자면 인간이 해탈·열반을 할 수 있는 것은 식이 영원하지 않기 때문입니다. 부처님은 식도 조건 따라 생겨나고 조건 따라 멸한다고 말씀하십니다. 그래서 조건만 되면 식도 멸할 수 있다는 겁니다. 식을 없애면 태어남도 없고 죽음도 없겠지요.

이 식識은 왜 있는가? 제행諸行이 있기 때문입니다. 앞서 본 바와 같이 제행은 세상사 모든 것을 말하며 온갖 요소들이 제멋대로 얽히고설키고, 일어났다 사라졌다 하는 것입니다. 제행이 있으면 식-명색-육처-촉-수-애-취-유-생-노사로 이어집니다. 금생에 우리는 식을 가지고 육처를 통해 촉-수-애-취를 하는 제행의 삶을 살고 있습니다. 육처를 통해 촉-수하는 대상은 명색이니, 결국 우리 자신이 명색이면서 명색을 대상으로 삼아 명색에 갇혀서 살고 있는 것입니다.

그렇다면 제행은 왜 있는가? 무명 때문에 있습니다. 진리를 즉 사성제四聖諦를 모르는 무지, 그것 때문에 태어나고 죽는 고통을 겪는 겁니다. 무명은 우리가 태어나고 죽게 되는 궁극의 원인입니다.

이처럼 차례차례 원인들을 극복하고 제거하면, 마침내 그 궁극 결과인 죽음의 고통으로부터 벗어날 가능성이 열린다는 것입니다. 이것이 거꾸로 점검하며 얻는 십이연기 역관의 메시지입니다.

십이연기 역관을 해나간다는 말은 집착의 가장 깊은 뿌리인 유무에 대한 그릇된 관념을 벗어난다는 말도 됩니다. 유무를 벗어난다는 것은 사실 엄청난 이야기입니다. 《상윳따 니까아야》의 〈깟짜아나곳따 경〉을 보면 이런 말이 나옵니다.

무無를 믿고 무가 있다고 주장하던 사람이 연이생緣已生을 보면 무가 존재하지 않음을 알게 되어 무를 주장하지 않게 된다. 또한 유有를 믿던 사람이 연이멸緣已滅을 보게 되면 유가 존재하지 않음을 알게 되어 유를 믿지 않게 된다. [47]

연이생緣已生, 연이멸緣已滅이라는 것은 바로 연기를

---

[47] "깟짜아나여, 이 세상은 대부분 유와 무, 두 관념을 기반으로 한다. 깟짜아나여, 세상의 일어남[緣已生]을 있는 그대로 바른 통찰지로 보는 자에게 세상에 무라는 것은 존재하지 않는다. 깟짜아나여, 세상의 멸[緣已滅]을 있는 그대로 바른 통찰지로 보는 자에게 세상에 유라는 것은 존재하지 않는다. *Dvayaṃnissito kho'yaṃ kaccāna loko yebhuyyena atthitanceva natthitanca. Lokasamudayanca kho kaccāna yathābhūtaṃ sammappaññāya passato yā loke natthitā, sā na hoti. Lokanirodhaṃ kho kaccāna yathābhūtaṃ sammappaññāya passato yā loke atthitā, sā na hoti.*"《상윳따 니까아야*Saṃyutta Nikāya* 相應部》, 12:15 〈깟짜아나곳따 경*Kaccānagotta sutta*〉, II, 17쪽.

말합니다. 연기법을 알게 되면 우리가 상식적이고 관념적으로 생각했던 유와 무의 세계를 벗어나게 됩니다. 유무의 양극단을 벗어나는 길은 중도中道인 팔정도 수행입니다. 수행이란 다름 아니라 십이연기의 열두 항목을 없애나가는 겁니다. 십이연기 역관은 팔정도八正道의 실천을 통해 가능합니다. 팔정도 자체가 바로 십이연기의 역관을 이루어가는 도정입니다. 우리가 보통 '수행한다, 수행한다' 하는데, 간략히 말하면 십이연기 역관을 한다는 뜻입니다. 팔정도를 실천하여 십이연기의 각 항목을 역으로 하나하나 관觀해 나가야 합니다. 그리하여 마침내 식識의 한계를 돌파하여 지혜로 무명을 깨면서 미망에서 벗어날 수 있습니다. 이렇게 유무가 끊어진 세계는 안眼·지智·혜慧·명明·광光 차원의 세계입니다.

《상윳따 니까아야》 제2권 〈인연 상윳따〉에 보면 부처님은 십이연기 순관이 고苦를 일으키는 걸음이므로 그 진행되는 결과를 '그릇된 길, 그릇된 걸음 micchāpaṭipadā'[48]이라고 하셨습니다. 십이연기 순관은 그릇된 길이고 사도邪道라는 말씀입니다. 반대로 십이연기 역관을 해나가는 걸음을 '바른길, 바른 걸음 sammāpaṭipadā', 정도正道[49]라고 딱 부러지게 못 박아서

---

48 "무엇이 그릇된 걸음인가? 무명을 조건으로 제행이 일어나고, 제행을 조건으로 식이 일어나고 ……, 이와 같이 일체 고온苦蘊이 일어난다. 이를 그릇된 걸음이라 한다. *Katamā ca bhikkhave micchāpaṭipadā avijjāpaccayā bhikkhave saṅkhārā saṅkhārapaccayā viññāṇaṁ ··· evam etassa kevalassa dukkhakkhandhassa samudayo hotīti ayaṁ vuccati bhikkhave micchāpaṭipadā ti.*"《상윳따 니까아야*Saṃyutta Nikāya* 相應部》, 12:3 〈행도行道 경*Paṭipadā sutta*〉, II, 4쪽.

49 "무엇이 바른 걸음인가? 무명이 남김없이 사라져 소멸하기 때문에 제행이 소멸하고 제행이 소멸하기 때문에 식이 소멸하고 ……, 이와 같이 일체 고온苦蘊이 소멸한다. 이를 바른 걸음이라 한다. *Katamā ca bhikkhave sammāpaṭipadā avijjāya tveva asesavirāganirodhā saṅkhāranirodho saṅkhāranirodhā viññāṇanirodho ··· evam etassa kevalassa dukkhakkhandhassa nirodho hoti ayaṁ vuccati bhikkhave sammāpaṭipadā ti.*"

말씀하십니다. '십이연기의 순관은 진리에 어긋나는 삿된 길을 걷는 것이고, 역관은 진리를 향해서 나아가는 바른길을 걷는 것이다.'라는 말씀입니다. 부처님이 설하신 이 십이연기 가르침은 불교의 방향과 목표, 수행법을 전부 포괄하고 있습니다.

역관의 계기, 의근意根

우리 중생은 십이연기 순관이라는 흐름 속에 빠져서 사바세계의 고생살이를 만들어내고 있습니다. 우리가 지금 급류에 휩쓸려 허덕이고 있는데 어떻게든 살아나야 하지 않겠습니까. 그러려면 익사를 면하도록

《상윳따 니까아야*Saṃyutta Nikāya* 相應部》, 12:3 〈행도 경*Paṭipadā sutta*〉, Ⅱ, 5쪽.

최선의 노력을 다해야 합니다. 헤엄도 치고 나무든 풀이든 엮어서 뗏목을 만들어 타고서라도 강을 건너 기슭으로 올라서야겠지요. 결단코 우리는 십이연기 역관을 해내야 합니다.

십이연기 역관을 하려면 그 계기를 어디서 찾는가? 우리 감각 기관으로는 끊임없이 형상이 들어오고, 소리가 들어오고, 냄새가 들어오고, 맛이 들어오고, 감촉이 들어와 우리를 사정없이 제행의 급류로 떠밀어냅니다. 급류의 물살은 거스르지 못할 정도로 엄청나게 셉니다. 그래서 한없이 떠내려가게 됩니다. 이때 필요한 일은 헤엄쳐 나올 능력을 키우는 것입니다. 그래서 대지에 발을 디딜 계기를 마련해 낼 힘이 필요하다는 말입니다.

대지에 발을 붙이는 것을 착근着根이라 합니다. 우리가 착근을 못 하고 육입六入, 즉 육처六處에 머물면 급류에 떠밀려 생사의 윤회 속을 끝없이 흘러갑니다. 하지만 부처님 담마를 알고 육처를 육근六根으로 바꾸는 노력을 하면 발을 대지에 붙여 착근하게 됩니다. 뿌리를 내린다는 겁니다. 급류에 휩쓸려갈 때도 내 발이고, 대지에 올라설 때도 내 발입니다. 둘이 다른 발이 아닙니다. 똑같은 내 발인데, 처處일 때는 나를 급류에 떠내려 보내고, 근根이 되면 나를 대지로 올라서게 하여 살리는 겁니다. 이것이 육처와 육근의 차이입니다.

여러분, 사람을 사람답게 하는 것이 바로 의意이지요. 비록 의라도 그것이 의근意根이 아니라 의처意處일 때는 대상인 법, 담마를 제대로 보지 못합니다. 보긴 보는 것 같은데 그게 제대로 보는 게 아니라 앞서 말한

상想으로 신기루처럼 인식하는 데 그친다는 말입니다. 의처일 때는 법, 담마를 만나도 그걸 상想과 식識이 가로채 버립니다. 상과 식이 요리해 버리면 법은 법이 아니라 하나의 관념이 되어버려 욕망의 대상이 되지요. 그러니 법에 집착하는 법집法執이 생겨서 엉뚱하게 흘러가고 맙니다. 그에 비해 식과 상의 놀음에서 벗어나 담마 그대로를 아는 것이 의근입니다. 따라서 의근을 살려 법, 담마를 제대로 보고 아는 일이 중요합니다. 이처럼 상 놀음, 식 놀음을 하지 않고 감각 기관이 '있는 그대로' 아는 순수기능을 할 때 근이 되는 것입니다. 우리는 육처가 육근이 되도록 정진해야 합니다.

팔정도 수행을 통해 식과 상이 노는 장소에 불과했던 육처가 육근으로서의 구실을 하도록 전환되면 그때부터 십이연기 역관이 시작되는 겁니다. 순관에 더 이

상 떠밀려가지 않고 흐름을 거스를 수 있게 된다는 말입니다. 이것을 가능케 하는 것이 근根입니다. 근 가운데 대표 근이 의근意根입니다. 의근은 그 대상인 법을 '있는 그대로' 알고 포착하게 됩니다. 이렇게 의근에 포착되는 법의 대표가 부처님 법, 담마Dhamma입니다. 의근은 부처님 법, 담마를 아는 능력입니다. 의처意處가 의근이 되면 담마를 제대로 알 기회와 가능성이 열립니다. 이때 의근이 바르게 작동하기 시작하는 것입니다. 마침내 십이연기 순관이 십이연기 역관으로 바뀌는 대변화가 일어납니다.

십이연기를 순관으로 보면 열두 항목 모두가 극복해야 할 대상인 행行입니다. 반면 역관으로 보면 모든 항목이 담마입니다. 모두가 그대로 담마의 소식이 됩니다. 행일 때는 모든 것들이 나를 사정없이 저 나락으로 떠밀어 보내는데, 담마일 때는 모든 것이 내가 관찰하는 대상이 되고 내가 깨닫는 계기로 작용합니다.[50]

　부처님은 우리가 범부에서 현자로 향상하도록 담마를 설하셨습니다. 담마를 따르는 사람은 이미 범부가 아닙니다. 그 사람을 불교에서는 참사람*sappurisa*, 진인眞人이라고 합니다. 진짜 사람! 그 말을 뒤집으면 담마를 모르고 담마를 따르지 않는 사람은 가짜 사람이라는 겁니다. 부처님은 의意를 가진 존재인 사람이 향상하도록, 담마를 통해 참사람이 되도록 이끌어 주십니다. 부처님이 담마를 설하신 목적은 담마에 관한 지식을 축적하라는 데 있는 게 아닙니다. 부처님은 사생의

---

50 활성 스님, 소리·스물다섯 《상카아라와 담마 - 부처님 가르침의 두 축》, 〈고요한소리〉 참조.

자부[51]답게 의를 시설하셨습니다. 거듭 말하건대 부처님이 시설하신 의意, 마노*mano* 덕분에 비로소 우리는 세상만사를 담마로 보아 향상할 수 있게 되는 겁니다. 수행이란 우리가 식 놀음, 상 놀음에서 벗어나 육처가 육근六根이 되도록 하는 것입니다. 바로 이것이 부처님이 십이연기에 육처를 시설하신 뜻일 것입니다. 그것이 육처의 참 소식이 아닐까 합니다.

거듭 강조하건대 **십이연기 역관의 계기를 마련하려면 의처意處가 의근意根으로 바뀌도록 노력해야 합니다.** 그러면 22근[52]이 각기 기능하게 됩니다. 그 결

---

51 사생자부四生慈父: 석가모니 부처님을 가리켜 사생자부라 하는데, 이말은 부처님이 사생四生(태생胎生, 난생卵生, 습생濕生, 화생化生), 즉 모든 중생에게 자비로운 부모와 같다는 뜻이다

52 22근根: 부처님은 인간이 가진 능력[根]을 22가지로 설하시고 22 근을 있는 그대로 알면 바른 지혜로 해탈·열반한다고 하셨다. 22

과, 제22근인 구지근具知根, 즉 사성제를 알고 깨달음
을 성취할 근이 갖추어졌다는 소식에 접하게 됩니다.
이 소식을 조금 재미있게 음미해 볼 수 있습니다. 바로
그 순서와 법수法數인데요, 22근은 11근이 두 번 되풀

근은 다음과 같다.
① 감각 능력[六根]: 안근眼根·이근耳根·비근鼻根·설근舌根·신근身根·
   의근意根
② 징표[三生命機能根]: 여근女根·남근男根·명근命根
③ 느낌[五受根]: 낙근樂根·고근苦根·희근喜根·우근憂根·사근捨根
④ 정련된 정신력[五善根]: 신근信根·정진근精進根·염근念根·정근定
   根·혜근慧根
⑤ 인식능력[三無漏根]: 미지당지근未知當知根·이지근已知根·구지근
   具知根
이를 도표로 표시해 보면 안근眼根·이근耳根·비근鼻根·설근舌根·신
근身根-**의근意根**-여근女根·남근男根·명근命根·낙근樂根·고근苦根은
기초 11근이고, 희근喜根·우근憂根·사근捨根·신근信根·정진근精進
根-**염근念根**-정근定根·혜근慧根·미지당지근未知當知根·이지근已知
根·구지근具知根은 발달 11근이다.
22근은 《상윳따 니까아야Saṃyutta Nikāya 相應部》V권에 나뉘어져
나온다. ① 감각 능력은 V권, 48:25 ② 징표는 V권, 48:22 ③ 느
낌은 V권, 48:31 ④ 정련된 정신력은 V권, 48:24 ⑤ 인식능력은
V권, 48:23, 참조.

이 됩니다. 앞 11근은 기초 11근이고 뒤 11근은 발달 11근입니다. 11근은 5근+1근+5근이 됩니다. 그런데 이때 한가운데 놓이는 1근이 매우 흥미롭습니다. 기초 11근에서 가운데 자리한 근은 의근意根이고, 발달 11근의 가운데 자리한 근은 염근念根입니다. 즉 마노 mano, 의意와 사띠sati, 마음챙김이 각각 중간에 자리하면서 전체 22근을 유기적 생명체로 살립니다. 전체 22근이라는 혈액 순환계에 피가 통하여 흐르게 됨으로써 사념처四念處가 생동하여 팔정도의 정념sammāsati, 바른 마음챙김이 됩니다. 즉 팔정도가 약동하게 됩니다. 의근이 바로 선다는 것은 이처럼 큰 사건입니다. 이를 도표로 제시하면 다음과 같습니다.

22근根																					
기초 11근											발달 11근										
안근 眼根	이근 耳根	비근 鼻根	설근 舌根	신근 身根	의근 意根 마노 mano	여근 女根	남근 男根	명근 命根	낙근 樂根	고근 苦根	희근 喜根	우근 憂根	사근 捨根	신근 信根	정진근 精進根	염근 念根 사띠 sati	정근 定根	혜근 慧根	미지당지근 未知當知根	이지근 已知根	구지근 具知根
육근 六根						삼생명기능근 三生命機能根			오수근 五受根					오선근 五善根					삼무루근 三無漏根		

5. 십이연기 순관-역관-순·역관의 통합

연기법은 십이연기를 순관-역관-순·역관의 통합적 입장에서 이해하는 것이 중요합니다. 순관은 십이연기 항목을 고苦를 발생시키는 순차로 보는 것이고, 역관은 십이연기 항목을 고를 멸하는 순차로 보는 것이지요. 그리고 순·역관은 순관과 역관을 하나의 틀로 묶어서 통합적으로 관하는 것을 말합니다.

십이연기의 순관은 '무명이 있으면 제행이 있고, 제행이 있으면 식이 있고, 식이 있으면 명색이 있고, 명색이 있으면 육처가 있고, 육처가 있으면 촉이 있고, 촉이 있으면 수가 있고, 수가 있으면 애가 있고, 애가 있

으면 취가 있고, 취가 있으면 유가 있고, 유가 있으면
생이 있고, 생이 있으면 노사가 있다.'는 순서로 보는
것을 말합니다. 즉 '무명을 조건으로 제행이 생기고,
제행을 조건으로 식이 생기고, ……, 생을 조건으로
노사가 생긴다.'는 순서로 각 항목 발생의 인과관계를
꿰뚫어 보는 것이지요. 반대로 역관은 노사부터 시작
하여 '노사가 없으려면 생이 없어야 하고, ……, 제행
이 없으려면 무명이 없어야 한다.'로 끝나는 것입니다.
또한 역관은 무명에서 시작하여 '무명이 없으면 제행
이 없고, ……, 생이 없으면 노사가 없다.'로 보기도 합
니다.

그리고 순·역관은 순관과 역관을 통합하여 보는 것
입니다. '이것이 있을 때 저것이 있게 된다, 이것이 없
을 때 저것이 없게 된다.'라는 식으로, 즉 '무명이 있을
때 제행이 있게 된다. 무명이 없을 때 제행이 없게 된

다. ……, 생이 있을 때 노사가 있게 되고 생이 없을 때 노사가 없게 된다.'라고 십이연기 순관과 역관을 함께 관하는 것입니다.

부처님이 깨달으신 후 7일 동안 법열法悅을 누리시고 선정에서 나오셔서 '초야初夜에 순관을 하시고, 중야中夜에 역관을 하시고, 후야後夜에 순·역관을 하셨다.'는 소식은 깊은 함의를 지니고 있습니다. 《우다아나Udāna》의 〈보디 품〉 〈깨달음 경〉[53]에 나오는 이 말씀에 주목할 필요가 있습니다.

한편 샛별을 보고 깨달으셨다고 말하기도 하지요. 이는 오로지 깨달음에 역점을 둔 해석으로서 초야, 중

---

[53] 《쿳다까 니까아야Khuddaka Nikāya 小部》, 《우다아나Udāna》, 〈보디 품〉 1-3경 〈깨달음 경Bodhi sutta〉 ; 《율장》, 〈대품〉 〈깨달음 이야기 Bodhikathā〉, 1~3쪽.

야, 후야의 경험 전체를 대각大覺의 과정으로 본 것이라 하겠습니다. 대승불교의 〈팔상록八相錄〉에 보면 '떠오르는 샛별을 보며 문득 깨달으셨다.'고 문학적으로 표현되어 있는데 실상은 그와 다르다고 하겠습니다.

십이연기 순관-역관-순·역관은 〈깨달음 경〉에서만 아니라 여러 경에서 이 사건을 다루기 때문에 다양한 해석이 나올 소지는 있지요. 하지만 이 문제는 부처님이 열반을 증득하신 게 선행하고, 순관-역관-순·역관은 그 뒤에 담마를 세우기 위해 틀을 잡으신 것으로 이해해 보면 풀리지 않을까 생각합니다.

초야初夜는 초저녁 6시부터 10시까지를 말합니다. 부처님은 초야에 십이연기 순관을 하셨습니다.

이것이 있을 때 저것이 있다. 이것이 생겨날 때 저것이 생

114

겨난다. 즉 무명을 조건으로 제행이, 제행을 조건으로 식이, 식을 조건으로 명색이, 명색을 조건으로 육처가, 육처를 조건으로 촉이, 촉을 조건으로 수가, 수를 조건으로 애가, 애를 조건으로 취가, 취를 조건으로 유가, 유를 조건으로 생이, 생을 조건으로 노사와 수·비·고·우·뇌가 생겨난다. 이리하여 이 모든 고苦 무더기가 생겨난다.

〈깨달음 경〉 1

다시 중야中夜에, 그러니까 저녁 10시부터 다음 날 새벽 2시 사이에 십이연기 역관을 하셨습니다.

이것이 없을 때 저것이 없다. 이것이 멸할 때 저것이 멸한다. 즉 무명이 멸함에 따라 제행이 멸하고, 제행이 멸함에 따라 식이 멸하고, 식이 멸함에 따라 명색이 멸하고, 명색이 멸함에 따라 육처가 멸하고, 육처가 멸함에 따라 촉이 멸하고, 촉이 멸함에 따라 수가 멸하고, 수가 멸함에 따라

애가 멸하고, 애가 멸함에 따라 취가 멸하고, 취가 멸함에
따라 유가 멸하고, 유가 멸함에 따라 생이 멸하고, 생이
멸함에 따라 노사와 수·비·고·우·뇌가 멸한다. 그리하여 이
모든 고苦의 무더기가 멸한다.

〈깨달음 경〉 2

다시 후야後夜, 즉 새벽 2시부터 6시까지는 순·역관
을 하십니다.

이것이 있을 때 저것이 있다. 이것이 생겨날 때 저것이 생
겨난다. 이것이 없을 때 저것이 없다. 이것이 멸할 때 저것
이 멸한다. 즉 무명을 조건으로 제행이, 제행을 조건으로
식이, 식을 조건으로 명색이, 명색을 조건으로 육처가, 육
처를 조건으로 촉이, 촉을 조건으로 수가, 수를 조건으로
애가, 애를 조건으로 취가, 취를 조건으로 유가, 유를 조건
으로 생이, 생을 조건으로 노사와 수·비·고·우·뇌가 생겨난

116

다. 그리하여 이 모든 고苦의 무더기가 생겨난다.

그러나 무명이 남김없이 사라져 멸함에 따라 제행이 멸하고, 제행이 멸함에 따라 식이 멸하고, 식이 멸함에 따라 명색이 멸하고, 명색이 멸함에 따라 육처가 멸하고, 육처가 멸함에 따라 촉이 멸하고, 촉이 멸함에 따라 수가 멸하고, 수가 멸함에 따라 애가 멸하고, 애가 멸함에 따라 취가 멸하고, 취가 멸함에 따라 유가 멸하고, 유가 멸함에 따라 생이 멸하고, 생이 멸함에 따라 노사와 수·비·고·우·뇌가 멸한다. 그리하여 이 모든 고苦의 무더기가 멸한다.

〈깨달음 경〉 3

또 이 순관-역관-순·역관의 소식을 다음과 같이 역점을 옮겨 생각해 볼 수도 있겠습니다. 앞서 보았듯이 부처님은 초야에 십이연기의 순관을 이루어내십니다. 그건 이제 당신이 담마를 어떤 방식으로 세울지, 어떤 형태로 세울지 틀이 잡혔다는 이야기가 될 수 있지요. 고苦를 십이연기 순관의 방식으로 질서를 잡아 파악하셨다는 겁니다. 이때 세워진 석가모니 담마의 틀, 그것은 십이연기입니다.

십이연기라는 고苦의 발생체계를 잡았으니까, 그다음은 어떻게 고苦를 멸하느냐입니다. 답은 십이연기 안에 다 있습니다. 부처님이 중야에 역관을 통해 주욱 점검을 해보시니까 과연 고가 멸하는 것이 확인되었습니다. 십이연기 역관을 통해 고를 멸하는 원리가 확인된 겁니다.

그런데 고를 멸하는 부처님 당신의 특수한 경험이 어떻게 모든 사람에게 보편화될 수 있느냐, 즉 모든 사람들이 고의 멸을 같은 방식으로 공유할 수 있느냐 하는 문제가 남게 됩니다. 부처님은 다시 그 문제를 붙잡

고 깊은 명상 집중을 한 결과 마침내 순·역관을 이루
어내십니다.

　이렇게 하여 부처님은 십이연기 순·역관을 통해 연
기법을 완성하셨습니다. 이처럼 깨달으신 부처님은 당
신의 모든 능력을 담마의 체계화에 다 쏟아 넣으셔
서 진정한 인류의 스승이자, 부처가 되셨습니다. 진정
한 부처란 담마를 세우신 분을 말합니다. 깨달아서 담
마를 설해주신 분은 한 분뿐이고, 그분이 부처입니다.
아라한들은 부처님의 담마에 따라 수행하여 깨달은
분들을 말하지요. 이 점이 부처와 아라한의 차이입니
다.[54] 그리고 깨닫기는 했으되 담마를 세우지 않았거

---

54 "비구들이여, 여래는 아라한이고 정등각자이다. 비구들이여, 귀를
　기울여라. 불사不死는 성취되었다. 내가 가르치리라. 내가 담마를
　설하리라. 내가 가르친 대로 따라 실천하면, 그대들은 오래지 않아
　좋은 가문의 아들들이 바르게 집을 떠나 출가하는 목적인 위없는

나 그렇지 못한 분들을 아라한 외에도 독각 성자 또는 연각 성자라고도 부릅니다.

요컨대 부처님은 십이연기 순관을 통해서 담마의 기본 틀을 세우셨고, 십이연기 역관을 통해서는 고苦의 멸을 확인하셨고, 그다음 십이연기 순·역관을 통해서는 당신의 경험을 만 중생이 공유할 수 있는 보편적 담마로 만드셨습니다.

특히 십이연기 순·역관은 빤냐*paññā*, 즉 지혜 문제

청정범행의 완성을 지금·여기에서 최상의 지혜로 알고 실현하고 구족하여 머물 것이다. *Araham bhikkhave tathāgato sammāsambuddho. odahatha bhikkhave sotam. Amatamadhigatam. Ahamanusāsāmi. Aham dhammam desemi. Yathānusittham tathā patipajjamānā nacirasseva yassatthāya kulaputtā sammadeva agārasmā anagāriyam pabbajanti, tadanuttaram brahmacariyapariyosānam dittheva dhamme sayam abhiññā sacchikatvā upasampajja viharissathā"ti.* 《맛지마 니까아야*Majjhima Nikāya* 中部》, 26 〈성구경聖求經 *Ariyapariyesanā sutta*〉, I, 171~172쪽 ; 활성 스님, 소리·열셋 《우리 시대의 삼보三寶》, 〈고요한소리〉 참조.

로 이어지기 때문에 더욱 중요합니다. 순관과 역관은 각기 연緣이 전개되는 한쪽 방향, 한쪽 측면을 거론할 따름이지요. 그러나 십이연기가 지혜의 산모가 되는 계기가 되려면 순관과 역관을 통합적으로 파악하는 것이 필요합니다. 다시 말해 고苦의 생멸을 한 묶음으로 보는 지혜의 안목이 중요합니다.

〈초전법륜경〉에서 다섯 비구[55] 중 한 사람인 꼰단냐*Koṇḍañña*가 부처님 법문을 듣고 '생겨나는 것은 무

---

55 다섯 비구: 꼰단냐*Koṇḍañña*, 왑빠*Vappa*, 밧디야*Bhaddiya*, 마하아나아마*Mahānāma*, 앗싸지*Assaji*. 금구의 말씀·둘《초전법륜경》, 활성 스님 해설·감수, 백도수 옮김, 〈고요한소리〉 참조. 다섯 비구는 부처님 출가 당시부터 부처님 시중을 들던 이들이라고 한다. 그들은 부처님이 단식 고행을 그만두시자, 방종에 빠졌다며 부처님을 떠났다. 부처님이 깨달음을 이루신 후 이들을 찾아가셔서 〈초전법륜경〉을 설하신 것이다. 〈고요한소리〉, 편집실.

엇이건 모두 사라진다.'[56]라고 감흥에 겨워 언급하자 부처님이 그가 구경지究竟智를 깨달았음을 인정하여 '안냐 꼰단냐*Aññā Koṇḍañña*'라고 불러주십니다.[57] 이에

---

56 'yaṃ kiñci samudayadhammaṃ sabban taṃ nirodhadhammaṃ.' 부처님은 꼰단냐가 최상의 지혜인 안냐*aññā*, 구경지究竟智를 얻었다는 것을 알아보시고 '안냐아시 꼰단뇨 *Aññāsi Koṇḍañño*'라고 하셨다. 이 말씀은 '꼰단냐가 구경지, 즉 무상지無上智의 차원, 아라한의 차원에서 진리를 이해했다.'는 뜻이다. 〈초전법륜경 *Dhammacakkappavattanasutta*〉, 《상윳따 니까아야*Saṃyutta Nikāya* 相應部》, 56:11, Ⅴ, 423쪽.

57 주석서에는 꼰단냐의 깨달음 수준을 예류과로 보는 경향도 나타난다. 이는 《상윳따 니까아야*Saṃyutta Nikāya* 相應部》(22:59, Ⅲ, 66쪽)의 〈무아의 특징 경*Anattalakkhaṇa sutta*〉에 "다섯 비구가 번뇌에서 마음이 해탈했다. 그때 세상에 여섯 아라한이 있게 되었다."라는 말 때문인 듯한데, 여기서 다섯 비구는 꼰단냐 외의 나머지 비구들도 다 깨쳤다는 점에 방점이 두어지는 것으로 해석해 보고 싶다. 《율장 주석서》〈대품〉, 〈다섯 비구 이야기〉(7~8쪽)에는 꼰단냐가 예류과에 들었다고 한다. 하지만 《맛지마 니까아야 *Majjhima Nikāya* 中部》(10경, Ⅰ, 62쪽)의 〈염처경*Satipaṭṭhāna sutta*〉 주석서(137, 140쪽)에서는 "안냐라는 것은 아라한의 경지이다. *Aññāti arahattaṃ*."라고 나온다. 또한 《맛지마 니까아야》, 〈뿌리에 대한 법문 경*Mūlapariyāya sutta*〉(1경, Ⅰ, 4쪽)에서 "어떤 비구는 …… 바른 구경지*aññā*로 해탈한 아라한이어서 …… *yopi so, bhikkhave, bhikkhu*

122

서 보듯 일어남과 사라짐을 통합적으로 보는 것이 지
혜의 시발이자 깨달음의 계기가 된다는 사실을 확인
할 수 있습니다. 부처님이 순·역관을 써서 세우신 담
마의 보편성으로 인해 우리 중생들이 팔정도를 닦아
지혜를 얻어 해탈·열반에 이를 수 있게 되었다고 하겠
습니다.

이렇듯 부처님 당신이 세우신 가르침의 틀인 순관-
역관-순·역관을 통해 '고苦와 고의 멸'이라는 담마
*Dhamma*가 완전무결한 체계와 효능을 두루 갖추게 되
었음을 알 수 있습니다. 요컨대 부처님이 십이연기 순
관-역관-순·역관을 통해서 십이연기가 보편성을 지닌

---

arahaṃ ··· *sammadaññā vimutto* ···"라고 나온다. 그리고 《맛지마 니
까아야》, 〈끼이따아기리 경*Kīṭāgiri sutta*〉(70경, I, 477쪽)에서 "······
바른 구경지*aññā*로 해탈한 아라한인 비구들이 있다. *ye te,* ······
bhikkhū arahanto ··· *sammadaññā vimuttā.*"라고 나온다.

담마가 되게 만드신 겁니다. 마침내 연기의 과정들이
체계 정연히 담마로 완성된 것입니다.

6. 연기설의 후대 전개 양상

　제가 십이연기에 대해 다각적이고 통합적 접근을 강조하는 데에는 이유가 있습니다. 불교 역사가 시작된 이래 십이연기처럼 팔자가 험난한 주인공도 없었기 때문입니다. 십이연기는 후대의 해석을 통해 수난을 겪고 상처투성이가 되었지요. 여러분이 오늘날 접하게 되는 십이연기는 부처님의 원음에서 많이 멀어졌습니다.

　연기법은 불교의 세계관에 해당한다고 이해될 만큼 주요한 위치를 점하다 보니 역사상 연기설의 전개 양상은 어찌 보면 화려하다 할 만큼 실로 다양합니다. 남방에서는 이미 기원전 부파불교 시대에 상좌부 계통의 설일체유부에서 업감연기론業感緣起論[58]이 제기되었지요. 그 후 이는 과거-현재-미래라는 시간적 개념과 결부되어 삼세양중인과설三世兩重因果說을 낳았습니다. 이 삼세양중인과설은 남방에서 꾸준히 이어져 주도적 대세를 이루면서 오늘날에 이르고 있습니다.

한편 설일체유부說一切有部의 업감연기론은 흥미롭게도 부파불교 시대에 다양한 사고방식이 생겨나는 계기가 되었고, 특히 대승불교가 대두하는 기제로 작

---

58 업감연기론業感緣起論: 인간이 번뇌로 인해 행위[業]를 하고 그 결과로서 다시 태어남을 받아[感] 윤회하게 된다는 불교 교리이다. 설일체유부에서 설하는 연기를 업감연기라 하고 승만경勝鬘經 등의 여래장연기, 화엄경華嚴經 등의 법계연기法界緣起 등 대승경전의 연기와 구별한다. 업감연기는 실질적으로 십이연기를 지칭한다. 업감연기의 관점에서 십이연기를 해석하면 과거와 현재의 행위인 업業이 원인이 되어 미래의 결과를 낳음을 의미한다. 《한국민족문화대백과》한국학중앙연구원, 참조.

용하게 되었지요. 이런 논리는 나아가 북방불교, 특히 중국 불교사에서 매우 힘찬 역할을 하고, 여러 가지 사고방식을 촉발하여 중국의 불교 13종을 맺기까지 이르렀습니다. 이런 사실은 한국불교에 대단히 깊이 맥이 닿는 부분이므로 잠시 살펴봅시다.

연기법은 중국에서 연기론緣起論과 실상론實相論으로 크게 양분됩니다. 이들이 불교의 양대 맥을 이루고 활발하게 교류하며 다양한 논란이 전개되지요. 연기론 쪽은 화엄경華嚴經·심밀경深密經·능가경楞伽經·승만경勝鬘經·기신론起信論·보성론寶性論·유가론瑜伽論·유식론唯識論·구사론俱舍論 등을 중심으로 하여, 소위 근본이라는 것으로부터 일체 만상이 벌어진 상태 등을 설명하려 시도했지요. 이에 반해 실상론 쪽은 법화경法華經·반야경般若經·유마경維摩經·중론中論·백론百論·십이

문론十二門論·성실론成實論 등의 경經과 논論을 통해 일체 만법의 본체를 규명하려 노력했습니다. 이처럼 연기론은 북방 대승에서 다양하고 화려한 전개를 이루었지요.

그 결과 대승불교에서는 중도와 십이연기, 팔정도가 퇴색되고 육바라밀[59]이 부각되는 측면이 나타나게 되었습니다. 그러다 보니 자연히 종교적이랄까 이념적 색채가 강해졌습니다.

한편 앞서 말했듯이 남방불교에서는 설일체유부의

---

59 육바라밀六波羅蜜: 보시바라밀布施波羅蜜, 지계바라밀持戒波羅蜜, 인욕바라밀忍辱波羅蜜, 정진바라밀精進波羅蜜, 선정바라밀禪定波羅蜜, 반야바라밀般若波羅蜜. 모든 번뇌가 소멸된 열반의 세계인 피안에 이르는 대승불교의 실천 수행법.《두산백과》참고. '바라밀'은 '도피안到彼岸'을 의미한다. 이는 '번뇌와 고통이 없는 깨달음의 세계로 넘어간다'는 뜻이다. 바라밀은 '도피안'의 빠알리어인 '빠아라미*pāramī*, 빠아라미따*pāramitā*'에서 음차音借한 것이다. 바라밀은 '바라밀 승가', 즉 '빠아라미이상가*pāramīsaṅgha*'라는 복합어에도 사용되었다. 〈고요한소리〉 편집실.

세력이 특히 강력하였는데 이들의 연기론은 삼세양중인과설로 정형화되다시피 했습니다. 그럼, 남방불교의 삼세양중인과설은 어떤 내용을 담고 있는가? 삼세양중인과라 하면 거창하고 복잡하게 들릴 수 있겠지만 아주 간단한 이야기입니다. 여기서 삼세三世란 과거세, 현재세, 미래세를 말하는데 인과因果가 과거, 현재, 미래에 걸쳐서 진행된다는 이야기입니다. 과거에 지은 행위라는 업業들이 인因이 되어서 현재에 그 과果를 맺고, 다시 현재의 요소들이 인이 되어서 미래에 과를 맺는다는 이야기입니다. 인과가 이런 식으로 겹친다 해서 양중兩重이라고 합니다. 이 삼세양중인과설로 십이연기를 이해하는 것이 남방불교의 전통처럼 되었습니다.

삼세양중인과설로 십이연기를 설명하면 과거생에

무명과 제행이 있었기 때문에 금생에 식·명색·육처·촉·수가 있게 되었고, 이를 연緣으로 해서 애·취·유를 지으면, 이게 다음 생에 인因으로 작용해서 생·노사를 불러들인다고 요약할 수 있습니다. 이러한 남방불교의 단순한 해석을 십이연기에 대한 전체적 해석이라고 우기는 것은 납득하기 어렵다 하겠습니다. 남방불교에서는 왜 삼세양중인과로 연기를 한정시키려 드는가? 상당히 의아한 일입니다. 남방불교의 당시 사정을 들여다보면 이해는 갑니다. 업감연기론이 나온 그 역사적 배경을 고려하지 않으면 삼세양중인과설 중심의 연기 설명은 매우 수상쩍은 해석으로 들립니다.

당시 인도 사람들은 '무아無我'를 도무지 이해하려 들지 않았지요. '무아라 하면 윤회하는 주체가 없는데 어떻게 윤회하느냐?'라는 것이 당시 힌두교 측의 반론

이었지요. 그래서 많은 고심 끝에 대중에게 '무아'임에도 불구하고 연기가 성립하는 소식을 이해시키려는 취지에서 삼세양중인과를 설하게 된다는 말입니다. 그러니까 인과 자체의 연속성이 가능한 까닭을 삼세를 적용하여 설명해 본 것이라고 이해는 합니다.

범아일여梵我一如를 주장하며 제법무아諸法無我를 인정하지 않는 힌두교 쪽의 논리 전개와 제법무아를 중시하는 불교 쪽의 논리 전개, 이들 논리가 치열하게 대립한 셈입니다. 그런 와중에서 나온 게 삼세양중인과설이 아닐까 싶습니다. 제법무아를 완강하게 거부하는 인도 사람들에게 후대에 삼세양중인과설로 설명을 해서 연기법을 어린애 이유식 먹이듯 먹이려고 애를 썼다는 건 그만큼 양쪽 간의 골이 깊었다는 사실을 암시하는 면도 있습니다. 이처럼 삼세양중인과설은 인도

특유의 역사적 배경에서 나온 것으로 생각합니다. 부처님이 삼세양중인과라는 말을 언급하신 흔적을 경에서는 찾아보기 어렵습니다. 삼세양중인과설이 시대적 필요성에 부합했다고 볼 수는 있지요. 하지만 삼세양중인과설은 십이연기의 핵심인 직선적 연기 관계, 즉 십이연기 열두 항목의 순차적인 발생인 순관과 순차적인 소멸인 역관을 명쾌하게 설명하는 데에는 적잖이 미흡한 점이 있다고 봅니다.

무엇보다 여기서 문제가 되는 것은 과연 삼세양중인과설의 해석이 십이연기의 역관에도 온전하게 적용될 수 있느냐 하는 점입니다. 요컨대 '과거에 있었던 무명-제행이 현재를 만들었다면, 과거에 있었던 무명-제행을 현재에 와서 없애는 것이 불가능하지 않겠는가?' 하는 문제가 제기될 수 있습니다. 다시 말해 현재 행하

는 팔정도 수행으로 과연 과거에 행해진 업을 이제 와
서 지울 수 있겠는가? 그럴 수 없다면 지금은 아무리
수행해도 과거에 쌓인 무명을 없애는 것이 불가능하지
않겠는가? 삼세양중인과설은 과거에 지은 인因이 현
재를 규정한다고 하는데 그렇다면 과거란 현재의 내가
돌아가서 통제할 수가 없지 않은가? 이런 논리를 어떻
게 극복할 수 있겠는가 하는 겁니다.

결국 삼세양중인과 대로만 따르면 고苦의 멸은 불가
능합니다. 이 논리상으로는 고가 미래로만 영원히 계
속될 수밖에 없다는 말이 됩니다. 따라서 삼세양중인
과설은 십이연기의 역관에 온전히 대입되지 못한다는
문제가 생깁니다. 연기법이라는 진리 분상에서, 왜 이
런 구차스런 일이 발생하느냐? 삼세양중인과설에서 삼
세라는 시간개념을 십이연기라는 진리의 설명에 도입

했기 때문이겠지요. 연기는 시공을 초월하는 것인데 시간이라는 틀 속에 짜맞추려 드니 이런 일이 벌어지는 것이 아닐까요. 물론 십이연기를 삼세라는 시공의 틀에 가둔다고 해서 진리로서의 기능이 작동하지 않는 것은 아닙니다. 이 경우에도 애-취-유의 단계에서 팔정도 수행을 하게 되면 연기적 미래라는 결과는 달라지겠지요. 그렇다 해도 과거의 인因은 지워내지 못합니다. 그런 만큼 삼세양중인과설로는 고苦의 멸이 불가능해지는 것입니다.

요컨대 문제의 핵심은 우리가 십이연기를 고의 멸이라는 실천적 과제에 적용시킬 수 있어야 한다는 것입니다. 그러기 위해 '고苦가 없으려면 생이 없어야 하고, …… .'라는 논리의 틀로 역관하는 쪽이 직접적인 실천 방안으로 다가옵니다. 경에도 이런 틀이 나오지요. '노사가 없으려면 생이 없어야 하고, 생이 없으려면 유가 없어야 하고, 유가 없으려면 취가 없어야 하고, 취가 없으려면 애가 없어야 하고, 애가 없으려면 수가 없어야 하고, 수가 없으려면 촉이 없어야 하고, 촉이 없으려면 육처가 없어야 하고, 육처가 없으려면 명색이 없어야 하고, 명색이 없으려면 식이 없어야 하고, 식이 없으려면 제행이 없어야 하고, 제행이 없으려면 무명이 없어야 한다.'

이 실천 방안은 근본적으로 '무명이 없어야 고가 없어진다.'는 틀입니다. 그러나 삼세양중인과설에서는 이 무명을 과거세過去世에 못 박아둠으로써 현재로서는 거기에 손쓸 방법이 없어집니다. 무명으로 시작하는 12연기나 식으로 시작하는 9연기 같은 체계에서는 시작 항목이 없으면 그다음의 항목들도 생길 수 없으니까 역관이 자연스레 이루어집니다. 그런데 삼세양중인과설에서는 무명이나 식과 같은 시작 항목이 과거에 속해버리니까 역관이 이루어질 수 없다는 말입니다.

십이연기가 역관으로 실행되려면 멸하는 과정이 구체적으로 적시되어야 하는데, 양중연기에서 그것이 가능한 대목은 어디인가? 또 그것은 어떻게 해서 실현되는 건가? 생이 있는데 노사가 없을 수 있는가? 생이 있으면 노사가 있게 되는 것은 필연인데 어떻게 없어지는 과정이 실현되는가? 열두 항목 간의 어디를 봐도 이 필연적 상관관계는 너무나 확고하여 틈새라고는 보이지 않는데 어디에서 빈틈을 찾아내어 그 진행 과정을 단절시킬 수 있겠는가?

결론적으로 삼세양중인과설은 원만·융통·무애한 것은 아니라고 정리할 필요가 있습니다. 삼세양중인과설은 그 당시 시대적 상황 때문에 빚어진 일로 인정하면 됩니다.

이제 우리는 부처님 본래 가르침으로 돌아가서, '부처님이 원래 무슨 뜻으로 십이연기를 말씀하셨는가?' 하고 새롭게 궁구하는 각오로 임하면 될 것입니다. 부처님 원음을 통해 십이연기를 제대로 이해하는 것은 지금 우리가 맞닥뜨린 중차대한 과제임이 분명합니다.

7. 십이연기에 비추어 팔정도 수행 점검하기

불교의 시선으로 볼 때 불자란 부처님이 시현하고 가르치신 길을 가는 사람들입니다. 그런데 어떤 사람들은 길을 간다면서 말로만 가지요. 인생 끝날 때 결산해 보면 걷기는 걸었는데 한 걸음도 못 나아갔습니다. 같은 자리에서 뺑뺑 돌았던 겁니다. 어떤 사람은 심지어 뺑뺑 돌지도 않았지요. 집 짓고 안방에 다리 쭉 뻗고 드러누워 있었던 겁니다. 그러고는 내 자식이 어쩌니, 내 재산이 어쩌니, 내 남편, 내 아내가 어쩌니저쩌니하면서 관계에 시종始終하다가 맙니다. 그렇게 인생살이에 시종하니 길을 간다면서 집 짓고, 구들장 놓고, 불 때고, 다리 뻗고 자면서 한 생을 끝내 버립니다.

그래서 '정신 차리라!'고 부처님이 설하신 담마가 팔정도입니다. 부처님은 '길 가는 삶을 살아야 한다는 것을 스스로 인정하라! 그리고 그 길을 나아가라!' 하십니다. 구들장 지고 잠자고 있지 말고, 깨어서 길을 가라는 말씀입니다. 자신이 길 가는 사람이라는 것을 스스로 인정한다면 그다음엔 '어떻게 나아가느냐?'가 과제입니다. 부처님은 이렇게 안내하십니다. '걱정하지 말고 환상도 갖지 말고 팔정도에 바로 올라서라! 그러면 해탈·열반이라는 목표에 도달할 수 있다.'고 길을 제시하시면서 종착점까지 가리키셨습니다.

부처님은 길을 가르쳐 주시고, 길을 바르게 나아가는 법을 가르쳐 주시고, 종점도 가르쳐 주십니다. 게다가 바른길을 확인 점검하는 법도 가르쳐 주십니다. 내가 가고 있는 게 '바르게 나아가는 것인지 아닌지', 스스로 점검하는 방법은 바로 팔정도 수행을 점검하는 것입니다. 물론 옆에 선지식이 계셔서 도움을 받으면 제일 좋지만, 그렇지 않은 경우라도 내가 팔정도를 정말 제대로 걷고 있는지를 스스로 점검할 수 있습니다. 팔정도 수행을 점검하는 방법이 한 가지만은 아닐 테지만 아래에서 보듯이 십이연기 항목들에 비추어 살펴보는 것도 바람직한 점검법이 될 것이라 믿습니다.

사실 팔정도나 십이연기를 자칫 잘못 이해할 수가 있습니다. 자기는 조금도 의심 없이 바른길이라 믿고 가는데, 그게 정법에 맞지 않을 수도 있는 겁니다. 그러니 점검하면서 가는 자세가 필요합니다. 길을 가는 데는 마장이 반드시 따르기 마련입니다. 가령 서울에서 부산으로 간다고 칩시다. 내가 모처럼 떨쳐 일어나 길을 가는데 이 길이 부산 가는 길이 맞는지 아닌지 확인하는 노력이 참으로 중요합니다. 수원 가면 어떠하다더라, 대전쯤 가면 어떠하다더라, 다음 대구를 가면 어떠하다더라, 이렇게 정보를 미리 알고 가야 제대로 갈 수 있겠지요. 따라서 자기 스스로 반드시 점검해야 합니다. 그리고 어디서든 길을 벗어났다 싶으면 되돌아올 수 있어야 합니다. 잘못 갔다 싶을 때는 적어도 바르게 간 지점까지는 되돌아와야 하지 않겠습니까? 남들이 길을 잘못 가르쳐 줄 수도 있으니까 확인 점검해야 하는 겁니다. 길을 가르쳐주는 사람이 아라한이 아니라면 우리가 함부로 아무에게나 기댈 수는 없는 노릇이니까요.

십이연기와 팔정도를 제대로 이해하고 팔정도를 바르게 걷고 있는지 스스로 점검하는 방법의 하나로 팔정도를 십이연기에 비추어 살펴봅시다.

　팔정도 수행 점검을 위해 십이연기의 열두 항목을 셋-셋-셋-셋으로 묶어 보면 묘미가 있다고 봅니다. 십이연기를 이렇게 묶어 우리 공부에 조도助道로 삼으면 십이연기 이해가 훨씬 쉽고 또 깊어질 수도 있겠습니다. 예컨대 무명-제행-식을 한 묶음으로, 명색-육처-촉을 한 묶음으로, 수-애-취를 한 묶음으로 그리고 유-생-노사를 한 묶음으로 이해해 보는 겁니다. 이렇게 십이연기를 셋씩 묶어서 생각해 보면, 어려운 십이연기가 아니라 살아 움직이는 십이연기로 다가오지 않을까요. 이건 제가 나름 생각해 본 것입니다. 이렇듯 십이연기를 새로운 면모로 살펴보는 시도도 해봄 직하다는 생각입니다. 이제 십이연기를 새로운 관점에서 접근하고 진지하게 탐구해 봅시다.

　십이연기 항목들에는 우리가 손댈 수 없는 부분이

있습니다. 제일 마지막 부분인 '유-생-노사'는 이미 거기에 속한 나로서는 어쩔 수 없습니다. 현재 나의 존재 양식인데 이를 어떻게 부인하겠습니까? 이미 태어났는데 어쩌겠어요? 따라서 '유-생-노사'에 앞선 부분들부터 소급해 나가면 되겠습니다.

취-애-수 줄이기

우선 팔정도를 잘 걷고 있는지부터 점검해야겠습니다. 어떻게 해야 할까요? 먼저 '유-생-노사'의 바로 앞선 원인인 '취取-애愛-수受'부터 살펴봅시다. 취는 집착입니다. 부처님은 '유가 없으려면 취가 없어야 한다.'고 하셨습니다. 팔정도를 바르게 가려면 그 길을 걸을수록 취가 줄어들어야 합니다. 내가 지금 취를 줄이고 있느냐 아니냐를 점검하는 것, 그게 팔정도를 바르게 가고 있느냐 아니냐의 첫째 점검법이 될 수 있겠습니다.

'내가 지금 팔정도를 걷는다.'고 하면서 팔정도의 개념만 가지고 헛된 망상을 피우고 있는 것은 아닌가? 집착을 줄이는 실질적 노력을 하고 있는가? 그렇게 간단없이 살펴보아야 합니다. 그걸 점검해 보면 팔정도를 바르게 실천하고 있는지 아닌지 알 수 있게 됩니다. 취-애-수를 줄이려면 먼저 팔정도의 계戒에 해당하는 부분, 즉 바른 말[正語], 바른 행위[正業], 바른 생계[正命]를 지켜야 합니다. 그리고 바른 노력[正精進], 바른 마음챙김[正念]을 함께 실천해야 취-애-수를 줄여나갈 수 있습니다. 이렇게 하여 점검하는 역량이 커지고 수행에 힘이 붙으면 본격적 단계에 오르게 됩니다.

이처럼 취를 줄이고, 애를 줄이고, 수를 줄여나간다면 그것은 분명 팔정도를 바르게 걷고 있는 겁니다. 다시 말하면 팔정도의 바른 말, 바른 행위, 바른 생계를 실천하고 아울러 바른 노력과 바른 마음챙김을 실천하면서 취가 줄어가는지 아닌지, 애가 줄어가는지 아닌지, 수가 줄어가는지 아닌지를 스스로 점검하는 겁니다. 취-애-수를 없애는 것이 궁극 목표이지만 처음부터 완전히 없애겠다고 과욕을 부리기보다 취-애-수를 조금씩 줄여나간다면 팔정도를 제대로 실천하는 길이 될 겁니다.

촉-육처-명색 통제

취를 줄이고 애를 줄이고 수를 줄여나아감으로써

팔정도 수행의 틀을 잡은 다음, 그다음 묶음인 '촉觸-육처六處-명색名色에 대한 통제'에 도전할 수 있게 됩니다. 수행 초기에는 기를 쓰고 노력한다고 해서 촉이 통제되지 않습니다. 취-애-수를 줄이려는 상당한 선행 노력이 있어야 촉을 통제해 보겠다는 원願을 세울 수 있을 것입니다.

육처에는 내육처와 외육처가 있습니다. 안·이·비·설·신·의가 내육처이고, 색·성·향·미·촉·법이 외육처입니다. 외육처는 우리가 간여할 일이 아닙니다. 간여할 수도 없지요. 내육처인 감각 기관에 부딪쳐 오는 바깥 경계 그 자체를 바꾸거나 없앨 수는 없습니다. 다시 말해 외육처인 바깥세상은 명색인데, 명색을 바꿀 수는 없으니 그대로 두어야 할 따름입니다. 결국 우리는 명색을 대하는 내육처를 관리해야 합니다. 그러면 과연 내육처를 어떻게 다루어야 촉觸이 일어나지 않게 되는 가? 가령 눈과 어떤 대상이 만났다고 합시다. 그것만으로는 촉이 일어나지 않습니다. 촉은 내처와 외처 그리고 식識, 셋이 만나야 일어납니다. 결국은 식이 문제가 되겠습니다. 그러니 식識의 본성인 만사를 분별해 보는 버릇 그 자체를 고쳐야 촉에 대한 통제가 가능할 수 있습니다. 그러려면 내육처를 육근六根의 수준으로 순화시키는 노력을 해보는 수밖에 달리 길이 있겠습니까.

우선 세상 보는 내 눈이 바뀌어야 합니다. 이때 바른 견해[正見], 바른 사유[正思]가 필요하지요. 일단 부처님 담마를 거듭거듭 만나야 합니다. 담마를 만나려면 의意를 바르게 세워야 합니다. 처음에는 내처內處인 의처가 외처外處인 법을 촉하겠지요. 그런데 **담마로 세**

상을 보다 보면 상 놀음과 식 놀음의 놀이터인 처處가 근根으로 변전됩니다. 의근意根으로 보는 능력이 발전합니다. 의처가 의근으로 바뀌는 경계가 옵니다. 의처意處가 의근意根으로 바뀌도록 노력해야 한다는 말입니다. 의근으로 본다는 것은 담마로 세상을 본다는 뜻입니다. 다시 말해 세상을 '있는 그대로' 본다는 것이지요. '있는 그대로' 보면 세상은 악은 악대로 선은 선대로 인과법에 따라 정연히 돌아갑니다. 부처님 담마로 보면 세상은 참으로 공평하고 질서 정연합니다.

제가 기회 있을 때마다 여러분에게 '신문 보지 마세요, 텔레비전 보지 마세요.' 하는 이유가 여기 있습니다. 그 자극적이고 극단적인 텔레비전 뉴스를 다 보고 잠자리에 드는데 어떻게 편안하게 자겠으며, 무슨 좋은 꿈을 꾸겠으며, 다음 날 아침에 무슨 상쾌한 기분이 들겠으며, 그 하루가 어찌 보람찬 새날이 되겠습니까? 여러분, 신문, 텔레비전 볼 시간에 부처님 가르침을 담은 경經을 보십시오.

요는 우리의 촉을 건사하자는 겁니다. 그래야 부처님 담마를 제대로 만날 수 있게 됩니다. 또 그래야 내가 정서적으로나 지적으로나 안정되고 푸근하고 편안해질 수 있습니다. 우리는 촉을 건사하는 데 노력을 기울여야 합니다. 그런 노력은 누가 대신할 수 없습니다. 내 스스로 촉을 건사하도록 노력할 수밖에 없습니다. 촉을 통제하는 것이 십이연기 순관이 역관으로 전환되는 결정적인 고리입니다. 촉을 통제할 수 있는 단계에 들어가면 그 공부는 물론 매우 진전되었다 할 것입니다.

이렇게 바른 견해[正見]와 바른 사유[正思]로 세상 보는 내 눈을 바꾸고 바른 마음챙김을 통해 명색을 '있는 그대로' 보려 노력하면 '촉-육처-명색'을 조금씩이나마 통제할 수 있게 됩니다. 그러면 팔정도를 제대로 걷고 있는지 점검도 잘되고, 팔정도라는 길을 걷는 수준도 조금씩 올라가게 됩니다.

식-제행-무명 줄이기

이렇게 십이연기의 열두 항목을 셋-셋-셋-셋으로 묶어 공부해 가다 보면 마침내 식識-제행諸行-무명無明을 만나게 됩니다. 이제 '식-제행-무명 줄이기' 공부입니다. 무명이 있는 한 십이연기 각 항목이 다 작동합니다. 그런데 실은 무명-제행-식이 함께 십이연기 모든 항목에 기본으로 작동하고 있습니다. 무명-제행-식, 이 세 항목은 전개 과정이기도 하지만 십이연기 항목 전체에 깔린 기본 바탕입니다. 그러니 이 세 항목의 세력을 약화시킬 수는 있어도 졸연히 없애 버릴 수는 없습니다. 줄여나갈 뿐이지요.

부처님은 '무명이 없어야 제행이 없다.'고 하셨습니다. 궁극적으로 우리는 식-제행-무명을 통제하고 소멸시켜 나가야 하는 것입니다. 이 문제야말로 두고두고 깊이 공부해야 할 대목입니다. 그래서 선방에 가면 제일 먼저 가르치는 것이 '분별을 놓아라!'입니다. 결국 '식 놀음', 그러니까 알음알이 놀음을 멈추라는 겁니다. 그러면 분별 안 하고 제대로 알려면 어떻게 해야 하는가? 본성을 꿰뚫어 알아야 합니다. 본성을 꿰뚫어 안다는 말은 겉모양을 나누고 쪼개어 피상적으로 아는 게 아니라, 그 본질을 통찰한다는 겁니다. 본질을 통찰한다는 것은 빤냐*pañña*[60]로 본다는 뜻입니다. 그러기 위해 바른 노력[正精進], 바른 마음챙김[正念], 바른 집중[正定]을 닦아야 합니다. 요컨대 빤냐[般若], 즉 지혜를 키움으로써 무명을 벗어나 고苦를 멸하게 됩니다.

이처럼 십이연기와 팔정도는 뗄 수 없는 밀접한 관계에 있습니다. 십이연기 열두 항목을 셋-셋-셋-셋으로 묶어 살펴보는 것이 팔정도 수행을 효과적으로 점검하는 방법이 될 수도 있을 것입니다. 고苦를 연기적으로 발생시키는 십이연기의 고리들이 잘 통제되는지, 그 힘이 약화되어 줄어드는지 살펴봄으로써 십이연기

---

60 이 책 주 23 참조.

를 통해 팔정도를 바르게 가고 있는지 확인하게 됩니다. 이렇게 십이연기에 비추어 팔정도를 제대로 걷고 있는지 스스로 점검해 볼 수 있습니다. 자, 이제 십이연기를 붙들고 우리 한번 진지하게 씨름해 보십시다.

8. 연기법과 우리의 삶

지금까지 십이연기의 핵심을 붙잡으려고 노력해 보았습니다. 연기에 대해서는 해석도 논란도 참 많습니다만 우리는 핵심만 잡고 있으면 됩니다.

연기법이 담마를 대표하는 위치에 있다는 것은 앞서 본 사아리뿟따의 '연기를 아는 자 담마를 알고, 담마를 아는 자 연기를 안다.'[61]는 말에서 분명히 알 수 있습니다. 담마를 안다는 것은 달리 말하면 우리 경험을 담마로 이해한다는 뜻입니다. 부처님 언어만 그냥

---

61 이 책 주 2 참조.

읊어 댄다고 우리 경험이 담마로 담아지지는 않습니다. 부처님 담마를 우리 경험 내용에 담으려면, 경험을 담마로 전환하는 기준이 있어야 합니다. 부처님이 제시하신 그 기준은 연기법이고 그 표준이 십이연기입니다. 십이연기 각 항목은 우리의 경험 내용이고, 인생살이 고생살이 전부입니다.

십이연기를 담마로 이해하고 실천하는 데는 다음 두 가지를 명심하는 것이 필요하다고 봅니다. 첫째, 십이연기는 부처님이 처음부터 설하신 순관-역관-순·역관에서 가닥을 잡으면 이해하기가 그다지 복잡하고 어렵지 않습니다. 둘째, 실천적 측면에서 보면 십이연기 역관과 순·역관이 고苦를 멸하는 길이라는 점에서 그 의의가 분명해집니다. 따라서 십이연기 역관과 순·역관을 팔정도 실제 수행과 어떻게 구체적으로 연결시키는가 하는 것이 관건입니다.

부처님이 말씀하신 십이연기는 우리의 언어와 사고 체계를 법다이 세워 주는 준거 틀이 됩니다. 십이연기는 우리의 사고가 사바세계의 일체 현상을 정확하게 이해하도록 돕는 기준 시설입니다. 우리가 현실 생활에서 매사 경험하는 바를 십이연기 각 항목에 대입해 볼 수 있으면, 바른 견해를 지니고 바른 사유를 하고 있는 겁니다. 거듭 말하건대 **우리가 경험하는 모든 것을 십이연기의 언어로 파악한다면, 그만큼 팔정도의 길을 바르게 걷고 있는 것입니다.**

십이연기를 이루는 열두 항목 하나하나가 그대로 다 화두가 되고 따라서 공부거리가 됩니다. 이 항목들은 세속적 언어가 아니기 때문에 우리의 알음알이로는

그 내용을 깊이 파악할 수 없습니다. 가령 촉觸을 언어
적 의미로 이해해서, '아, 촉은 눈이 어떤 사물과 마주
치는 것이다.' 하고 넘어가면, 그런 태도로는 평생 가도
담마, 못 만납니다. 또 불교 경전을 읽어도 헛읽고 마
는 것이지요. 그러면 경전 보는 것이나 소설 보는 것이
나 차이가 없지요. 촉이라는 단어를 대상으로 삼아 그
말의 핵심을 잡기 위해서 서두르지 않고 끈기 있게 붙
잡고 씨름하는 자세로 궁구해야 합니다. 그러니까 십
이연기 각 항목마다 그 본질을 붙잡으려 노력 정진한
다면 그게 바로 수행이라 하겠습니다. 그들 각 항목에
대한 논의는 《연기》[62]에서 삐야닷시 스님이 차분하게
잘 설해 놓았으니 크게 도움이 될 것입니다.

---

62 법륜·스물둘 《연기》, 삐야닷시 스님 지음, 전채린 옮김, 〈고요한소
리〉 참조.

담마의 언어는 우리가 그 담마를 운용할 만큼 성숙했을 때 비로소 다가옵니다. 특히 '십이연기는 담마 중의 담마, 법 중의 법'입니다. 우리가 그 담마를 운용할 수 있을 정도로 향상하지 못하는 한, 십이연기는 마냥 개념으로만 겉돌 뿐 우리에게 담마의 언어로서 역할을 할 수 없습니다. 수행을 통해 향상해 나아갈 때 담마의 본령을 만나고, 담마를 자신의 실제 경험으로 살릴 수 있게 되겠지요. 여러분이 금생을 바쳐서 십이연기 중의 한 항목이라도 그 깊은 뜻을 완전히 이해한다면 해탈을 약속받은 것과 같다고 하겠습니다.

《숫따니빠아따》〈대품〉 마지막에 〈두 가지 관찰 경〉이 있습니다. 거기에 보면 부처님은 연기의 각 항목을 '고苦와 고가 일어나는 원인'과 '고의 멸과 고의 멸에 이르는 걸음', 이 두 가지 관찰의 원리로 연결시켜 말씀하십니다. 또한 '연기의 모든 항목들이 없어져야 하고, 그 항목들로부터 우리가 기어이 해방되어야 한다.'는 점을 누누이 강조하십니다. 그러니까 십이연기의 열두 항목이 다 없어져야 할 것들입니다. 이 열두 항목이 차례차례 모여들면 결국 빚어지는 것이 바로 고苦의 현장입니다. 고의 세계입니다. 그리고 이 열두 항목이 흩어져서 약해지고 소멸되면 그게 바로 해탈의 소식입 니다.

부처님은 깨달으셨을 때의 경지를 '안眼·지智·혜慧· 명明·광光'으로 표현하십니다. 깨달음은 명이 나타났다 는 것이고, 무명이 사라졌다는 것이고, 무명이 사라졌 으니 십이연기도 다 사라졌다는 말씀입니다. 다시 말 해 십이연기의 역관이 완성되었다는 것입니다. 이는 곧 부처님이 연기의 세계로부터 해탈·열반하셨다는 의미

입니다. 우리의 목표 또한 연기의 세계를 벗어나 해탈·
열반하는 것입니다.

저간의 소식을 알려주는 칠종성자七種聖者를 다룬
경이 있습니다. 거기선 정定과 혜慧가 상호 보완 관계로
전개되는 추이를 통해 해탈에 이르는 과정을 마치 도
식으로 그리듯이 아주 흥미롭게 잘 설명해 주고 있습
니다.

비구들이여, 세상에는 일곱 부류의 인간들[七種聖者]이 존
재한다. 무엇이 일곱인가? 양면으로 해탈[兩面俱分]한 자, 통
찰지로 해탈[慧解脫]한 자, 몸으로 체험한 자, 견해를 얻은
자, 믿음으로 해탈한 자, 담마를 따르는 자, 믿음을 따르
는 자이다.[63]

---

63 《맛지마니까야》, 65 〈밧달리경〉 I, 439~440쪽 ; 《맛지마니까야》,
70 〈끼이따아기리경〉 I, 477쪽 참조.

앞서 본 〈대인연경〉 서두에 연기의 심오함을 말씀하신 내용이 있지요. 위의 경 내용이 연기 시현의 심오함을 요약하고 해설해 주는 한 방편으로 이해될 수 있을 것 같아 매우 흥미롭습니다.

부처님은 출가하신 후 온갖 노력과 고심을 다 하시고 마침내 대각을 성취하셨지요. 그 대각의 기쁨과 메시지를 우리에게 전해주시기 위해서 45년간을 길 위에서 사셨습니다. 고향 땅에 가셔서도 아버지 궁성에서 잠 한번 안 주무셨지요. 그냥 공양만 하고 나오시고 내내 길에서 주무셨습니다. 심지어는 팔십 노인으로 돌아가시기 전에도 '이 몸은 이미 낡아빠진 수레와 같다. 그래서 삐거덕삐거덕한다.'[64]고 고통을 표현하시

---

64 " … 내 나이가 여든이 되었다. 아아난다여, 마치 낡은 수레가 가죽끈에 묶여서 이끌려 가는 것처럼 여래의 몸도 가죽끈에 묶여서

면서도 편안한 침대 신세 한번 안 지셨지요.

　애당초 부처님 당신은 깨닫고 난 뒤에 당장 열반에
들려고 하셨지요. 그런데 범천 사함빠띠가 내려와서
이 세상에 가르침을 베풀어달라고 간곡하게 청을 드리
니까, '아, 바로 열반에 들 것이 아니라 이 깨달음의 가
르침을 펼쳐야겠구나.'[65] 하십니다. 이후 일생 동안 길
위의 드라마를 연출하셨습니다.[66] 부처님은 돌아가시
는 순간까지 길 위에서 담마를 설하신 겁니다. 그러니
그 말씀이 얼마나 간곡한 가르침이겠습니까! 그 가르
침이야말로 부처님이 우리에게 전해주신 절체절명의

이끌려 가는 것 같다." 《디이가 니까아야 *Dīgha Nikāya* 長部》, 16 〈대
반열반경 *Mahāparinibbāna sutta*〉, II, 100쪽.

65 《상윳따 니까아야 *Saṃyutta Nikāya* 相應部》, 6:1 〈권청 경 *Āyācana
sutta*〉, 참조.

66 활성 스님, 소리·열하나 《부처님 생애 이야기》, 〈고요한소리〉 참조.

메시지가 아니겠습니까!

　부처님은 외아들 라아훌라를 아직 어린데도 서슴지 않으시고 출가시켜 당신이 얻은 경지를 기어코 체득해서 누리게끔 하셨지요. 당신의 깨달음이 확실하고 확고부동한 것이 아니라면 어떻게 외아들에게 그렇게 하시겠습니까? 그 외아들과 다름없이 모든 우리 중생에게도 담마를 전하시려고 45년 세월을 그렇게 노력하신 것입니다. 당신은 알고 계셨고 중생은 모르기 때문에 사생의 자부이신 부처님은 그야말로 갓난아기에게 젖 물리는 어머니 같은 자비의 마음으로 우리에게 담마를 전해 주신 것입니다.

　'연기법은 부처님이 세상 보시는 눈이요, 담마의 중추'라고 하겠습니다. 부처님은 당신이 깨달으신 진리를 우리가 이해하고 실천할 수 있도록 십이연기 순관-역관-순·역관을 설하셨습니다. 부처님은 우리로 하여금 방일하지 말고 전심전력을 다해 십이연기를 벗어나 해탈·열반하라고 촉구하셨습니다. 우리도 최선을 다해 매사에 십이연기와 팔정도를 적용하도록 공부 지어 나갑시다! 그렇게 실천함으로써 부처님 가르침 만난 은혜 천번 만번 누려봅시다! ❀

덧붙이는 글

불교는 근본적으로 사람들을 지적인 존재로 인정하고 대하는 가르침입니다. 불교는 인간의 바탕 자질을 지성에서 구하는 것이지요.

이런 면에서 볼 때 요즈음 만연하고 있는 반지성주의적 풍조는 인류가 향상해 나아가야 하는 길을 거역하는 것이라 생각됩니다. 이는 그야말로 말세적 풍조라 할 수 있는데, 여기서 우리는 그 그릇됨을 탓하고 있을 것이 아니라 왜 이런 결함에 빠졌는가를 돌아봐야 할 것입니다. 저는 지성 자체에 대해 깊이 숙고할 여지가 있다고 봅니다. '지성은 천편일률적인가?' 실제 인류 역사에는 여러 갈래의 지성이 나타나서 문화권마다 그 특성을 달리 해왔음을 우리는 목격하고 있습니다. 그 갈래는 주안점을 두기에 따라 몇 가닥으로 나눌 수 있겠는데, 이를 세분해 들어가면 너무나 다양해져 이 글의 의도에서 벗어나므로 우선 동서양과 남·북방으로 거칠게 분류해서 살펴보는 것이 편리할 것 같습니다.

동서양은 유라시아 대륙에서 동쪽의 중국 중심 일원과 서쪽의 그리스·로마 중심 문화로 거칠게 나누어 볼 수 있겠습니다. 이를 다시 남북으로 나누면 동서양은 북방으로, 인도와 중동은 남방으로 나누어 보는 것이 인류 문화란 관점에서 의미 있는 분류 방식이 되지 않을까 싶습니다. 이렇게 보면 북방은 대륙 문화에 가깝고 남방은 해양 문화에 가까울 것 같습니다.

그리고 동서양을 놓고 보자면 동쪽의 중국 문화, 즉 중국적 지성의 전개는 한마디로 대륙적 문화의 특성을 띠게 되지요. 그런 특성이 기본이 되어 중국은 현실주의, 현세주의, 눈에 보이는 것에 치중되는 경향을 띠게 됩니다. 이는 중국에서 이념보다 실제, 무종교 내지는 종교 성향의 미성숙을 초래하는 경향이 있습니다.

그에 반해 권역圈域을 확장해서 보면 영미권 중심의 서방 문화는 해양적 특성을 지닌다고 보겠습니다. 그래서 서방 문화가 미래주의, 내생에 대한 관심, 추상주의, 이상주의적 면모를 띠게 되지요. 결국 동에서는 이론보다 실리를, 서에서는 이념 과잉, 이론 경도傾倒, 때로 종교 편향성을 초래하는 경우가 지배적임을 보게 됩니다.

다시 남북南北을 기준으로 살펴보면, 북방이 이처럼 이성 활용 과다로 치닫지요. 그에 반해 남방은 이성 기

피로 치달아 결국 이성 불신, 나아가 이성 탈피, 신비주의로의 도피 성향을 초래하여 종교성 과잉의 면모를 보여줍니다. 그 결과는 오늘날 지구상 종교 분포를 보면 뚜렷이 드러납니다. 한마디로 북방은 과학 기술주의로, 남방은 이슬람과 힌두이즘 등 종교적 신비주의로 치닫는 성향을 수시로 내보여 줍니다. 이 남북 분류를 좀 더 유력하도록 만들어 주는 자연적 경계로 히말라야산맥이 있습니다. 이처럼 동서 분류는 사막이, 남북 분류는 산맥이 있어 역사적으로 분리시키는 차단벽의 역할을 톡톡히 해왔지요. 그런데 오늘날 우리가 보는 지구촌 시대의 출현을 결정적으로 도와준 것은 바다, 해양이었습니다. 그리고 최근에 들어서 공중이, 하늘이 우주 시대를 출현시키고 있습니다. 이는 지성의 외연이 엄청나게 확장되고 있는 것을 말해주지요.

그럼에도 불구하고 오히려 현실은 이념과 종교가 차

지하는 비중이 과다해지는 모습을 보이고 있습니다. 그 결과 반지성적 풍조가 만연하는 듯한 현상까지 연출하고 있습니다. 오늘날 지구촌 정치·경제의 사상 면을 지배하는 듯이 보이는 반지성주의적 풍조의 출현은 인류 지성의 전개·발전 방향을 왜곡하는 것이 되지요. 이 이야기는 이 정도로 기본적 관찰에서 그칠까 합니다.

그렇다면 불교는 이념과 종교, 이 중 어디에 속하는가? 이는 불필요한 질문이 됩니다. 한마디로 불교, 근본불교는 진리입니다. 진리는 보편타당하여 어디에도 국한되지 않습니다!

———— 말한이 **활성** 스님

1938년 출생. 1975년 통도사 경봉 스님 문하에 출가.
통도사 극락암 아란야, 해인사, 봉암사, 태백산 동암, 축서사 등지에서
수행정진. 현재 지리산 토굴에서 정진 중. 〈고요한소리〉 회주

———— 엮은이 **김용호** 박사

1957년 출생. 전 성공회대학교 문화대학원 교수 (문화비평, 문화철학).
〈고요한소리〉 이사

─── 〈고요한소리〉는

- 붓다의 불교, 붓다 당신의 불교를 발굴, 궁구, 실천, 선양하는 것을 목적으로 설립되었습니다.

- 〈고요한소리〉 회주 활성스님의 법문을 '소리' 문고로 엮어 발행하고 있습니다.

- 1987년 창립 이래 스리랑카의 불자출판협회BPS에서 간행한 훌륭한 불서 및 논문들을 국내에 번역 소개하고 있습니다.

- 이 작은 책자는 근본불교를 중심으로 불교철학·심리학·수행법 등 실생활과 연관된 다양한 분야의 문제를 다루는 연간물連刊物입니다. 이 책들은 실천불교의 진수로서, 불법을 가깝게 하려는 분이나 좀 더 깊이 수행해보고자 하는 분에게 많은 도움이 될 것입니다.

- 이 책의 출판 비용은 뜻을 같이하는 회원들이 보내주시는 회비로 충당되며, 판매 비용은 전액 빠알리 경전의 역경과 그 준비 사업을 위한 기금으로 적립됩니다. 출판 비용과 기금 조성에 도움 주신 회원님들께 감사드리며 〈고요한소리〉 모임에 새로이 동참하실 회원을 기다리고 있습니다.

- 〈고요한소리〉 책은 고요한소리 유튜브(https://www.youtube.com/c/고요한소리)와 리디북스RIDIBOOKS를 통해 들으실 수 있습니다.

- 카카오톡 채널(https://pf.kakao.com/_XIvCK)을 친구 등록 하시면 고요한편지 등 〈고요한소리〉의 다양한 소식을 받으실 수 있습니다.

◦ 〈고요한소리〉 홈페이지 안내

 - 한글 : http://www.calmvoice.org/

 - 영문 : http://www.calmvoice.org/eng/

◦ 〈고요한소리〉 회원으로 가입하시려면 이름, 전화번호, 우편물 받을 주
소, e-mail 주소를 〈고요한소리〉 서울 사무실에 알려주십시오.
(전화: 02-739-6328, 02-725-3408)

◦ 회원에게는 〈고요한소리〉에서 출간하는 도서를 보내드리고, 법회나 모
임·행사 등 활동 소식을 전해드립니다.

◦ 회비, 후원금, 책값 등을 보내실 계좌는 아래와 같습니다.

국민은행	006-01-0689-346
우리은행	004-007718-01-001
농협	032-01-175056
우체국	010579-01-002831
예금주	**(사)고요한소리**

붓다의 고귀한 길 따라 시리즈

단행본

소리·스물여덟

십이연기 十二緣起
- 부처님 세상 보시는 눈 -

초판 1쇄 발행 2025년 4월 25일
초판 2쇄 발행 2025년 6월 10일

말한이   활성
엮은이   김용호
펴낸이   하주락·변영섭
펴낸곳   (사)고요한소리

등록번호 제1-879호 1989. 2. 18.
주소   서울시 종로구 인사동길 47-5 (우 03145)
연락처   전화 02-739-6328 팩스 02-723-9804
         부산지부 051-513-6650 대구지부 053-755-6035
         대전지부 042-488-1689 광주지부 02-725-3408
홈페이지 www.calmvoice.org
이메일   calmvs@hanmail.net
ISBN   979-11-91224-67-2

값 1,000원